加来耕三

失敗と成功の日本史

人生の成功に必要な60の史実

や書店

はじめに

歴史はくり返す、とよく耳にします。では、何がくり返すのか、これはあえて考える必要もありません。

歴史の興亡は、人間の一生のいとなみと、そもそも同じ道筋《みちすじ》をたどるものです。人は生まれ、育ち、壮年期を迎え、やがて衰亡していきます。この個人のメカニズムは、国家であれ企業であれ、時代そのものであっても、変わることはありません。

換言すれば、これから読者の皆さんが遭遇する未知の出来事にも、同じような経過をたどった過去の、同様のケースが必ずあった、ということになります。

今日の日本は、国内外が忙《せわ》しなく、かつ混迷していて、さまざまな問題が突起していますが、深呼吸をして過去を振り返れば、そこに現代と同じプロセスを経た〝歴史〟があったことに気がつくはずです。ならば、これからの未来も予測できるはず。要は、現代と過去を比較して、その原理・原則を摑《つか》むことです。

本書は「失敗の日本史」「失敗と成功の日本史」と題して、日刊ゲンダイ紙上に連載してきた筆者《わたし》のコラムに、よりわかりやすく大幅な加筆をおこなったものです。

つい昨日のような過去のニュースの、去りゆく速さに日々、驚かされています。歴史的教訓を現代の出来事と比較し、明日を生きる参考にしていただければ、歴史学の命題は明らかとなり、著者としてこれにすぎたる喜びはありません。

なお本書は、いわば私的な放談を、盟友の作家・月川明大氏がまとめてくださった形式をとっています。

また、連載と単行本化にあたっては、素敵なイラストを多数、大阪コミュニケーションアート専門学校、東京コミュニケーションアート専門学校、福岡デザインコミュニケーション専門学校、名古屋コミュニケーションアート専門学校、仙台コミュニケーションアート専門学校（設立順）のクリエーティブデザイン科（マンガ・イラストワールド）コミックイラスト専攻の、学生さんたちに描いてもらいました。本書に登場のイラストレーターの中から、将来の〝大物〟の登場を心待ちにしています。

この場を借りて各位に、お礼を申し上げる次第です。

平成二十九年新春　東京練馬の羽沢にて

加来耕三

失敗と成功の日本史
人生の成功に必要な60の史実

もくじ

第1章

失敗の日本史

思い込みと油断による失敗
自己満足で失敗
人の心が読めなくて失敗
先の展開が読めなくて失敗

失敗と成功の
日本史

「米百俵」の苦い教訓を活かせず

長岡藩の過ちを繰り返した山本五十六

教訓

目先の利益にとらわれず将来の実りに投資すべし

長岡藩は戊辰戦争を無条件降伏で終え、藩士と家族は餓死寸前の窮地に追い込まれる。家老の河井継之助が「1年や2年は中立を保てる」と甘い見通しを述べた結果だった。その74年後、同じ長岡出身の山本五十六は、真珠湾攻撃で米国民の怒りに火をつけ、日本を無条件降伏に追い込む。

戦よりも学問を尊ぶ

失敗を教訓として活かせず、再び過ちを犯す――。こうした人が過去に学べない実例を、幕末の越後(現・新潟県)長岡藩に見てみましょう。

慶応4(1868)年5月、戊辰戦争の砲声が長岡藩に迫りました。当時、家老を務めていたのが河井継之助《かわいつぐのすけ》です。彼は官軍(新政府軍)にも旧幕府軍や佐幕派の諸藩にも属さず、中立の立場で長岡藩を守ろうと決意しました。

「われに3000の洋式兵あり、ガトリング砲もある。1年や2年は中立を保てる」と主張した継之助は、官軍の本営に乗り込んでこのことを表明しましたが、受け入れられず、官軍と戦うはめになってしまいます。その結果、長岡は3度の戦火を受けて無条件降伏を喫し、継之助は戦傷死。長岡藩は石高を大幅に削られ、藩士と家族は餓死寸前の窮乏を味わいました。

そんなおり、惨状を見かねた支藩の三根山《みねやま》藩から「米百俵」が届けられ、藩士たちはこれでひと息つける、と安心します。ところが、大参事(旧家老クラス)の小林虎三郎はこう宣言しました。

「この米を食べず、売った金で学校を建てるのだ」と。小泉純一郎元首相によって有名

イラスト・岡部早貴

になった、「米百俵」のエピソードです。

虎三郎が学校にこだわったのは、これから藩を守るには優れた人材が必要だ、と思ったからです。彼は官軍との戦いに反対し、降伏すべきだと説いたものの、受け入れられなかったことが、苦い教訓になっていたのでした。

長岡藩が繰り返した過ち

作家・山本有三は戯曲『米百俵』で、虎三郎にこう語らせています。

「人物がおりさえしたら、こんな痛ましいことは起こりはしなかったのだ。（中略）おれのやり方は、まわりくどいかもしれぬ。すぐには役に立たないかもしれぬ。しかし、藩を、長岡を、立てなおすには、これよりほかに道はないのだ」継之助に取って代わる人材がいれば、悲劇を防げたとも考えられる言葉です。虎三郎の説得によって学校は建てられ、その後、旧制長岡中学となりました。

歴史とは皮肉なものです。数十年後、似たような悲劇が起きました。

旧制長岡中学の出身者に、太平洋戦争開戦時（１９４１年）の連合艦隊司令長官・山本五十六《いそろく》が出ます。

彼は当初は開戦に反対しましたが、最終的に真珠湾攻撃を立案しました。奇襲作戦によって米国に一撃を加え、戦意を喪失させ、講和に持ち込むとの目論み《もくろ》（計画）でした。しかし日本の不意打ちに怒った米国は、第二次世界大戦に参戦。日本が無条件降伏したのは、ご存じのとおりです。

開戦前、山本は「半年や1年はずいぶんと暴れてご覧にいれるが……」と発言しました。継之助の「1年や2年は中立を保てる」によく似ています。

戊辰戦争で郷土を焦土と化し、その再生のためにつくった学校の出身者も、第二次世界大戦で国土を荒廃と化し、再び無条件降伏してしまいます。長岡藩は、否、日本人は同じ過ちを繰り返した、といえなくもありません。

危険を予期しながら現実から目をそむけた

元寇《げんこう》と原発事故の酷似

教訓

問題の先送りに、良い結果は生まれない

福島原発には、「津波が来ても大丈夫か?」と安全性を疑問視する声があったが、担当行政や専門家たちはこれに答えることなく、原発事故が勃発。事故から5年以上が経っても、廃炉の目途さえ立っていない。元寇のときも不安はありながら、執権北条氏は適切な判断を下せなかった。

危険の声に耳をふさぎ、安全神話を歌い続ける

平成23（2011）年3月11日、東北地方を中心とした東日本大震災が発生しました。この日から、日本国民を不安に陥れたのが福島第1原発の事故です。

国民の中には、事故の前から原発の暴走を危惧する声がありましたが、その声は「安全神話」の合唱にかき消されてきたのです。

この事故で思い浮かべるのが、鎌倉時代の日本に元《げん》の軍勢が来襲した元寇《げんこう》（文永・弘安の役）――。その原因は文永5（1268）年に、モンゴル帝国（元王朝の前身）のフビライ・ハンが国交を求める国書を送ってきたことでした。朝廷と鎌倉幕府は対応策が見いだせず、国書を無視しました。この年の3月、北条時宗《ときむね》が18歳で執権に就任。朝廷はフビライに返書を送るよう提案しましたが、時宗はこれを認めませんでした。

それどころか、再三訪れる使者を斬り続けたのです。

その結果、文永11（1274）年、元（1241年にフビライが建国）と高麗（朝鮮半島の王朝・918〜1392年）による蒙古軍約3万人が対馬に殺到します。対馬と壱岐（ともに現・長崎県）の防衛拠点は落とされ、蒙古軍は北九州沿岸に上陸。〝密集隊形〟で突入してくる蒙古の戦法や毒矢、火薬を使った「てつはう」に、日本軍は苦戦

イラスト・内原莉央

を強いられました。10月20日のことです。

ところが翌日、蒙古軍は博多湾から姿を消していました。昔から「神風が吹いた」といわれますが、最近の研究ではこの時期に嵐が起きた証拠はなく、士気の落ちた蒙古軍が一時撤退した、という見方が主流となっています。

日本軍の総勢が1万人なのに対して、元軍は3万人でした。ただ、元軍に従軍していた高麗の兵は、嫌々出兵したので士気が上がりません。それに加えて、日本軍が予想以上に強かったため、元と高麗の兵の間に厭戦気分が広がり、撤退したというのです。

有効な対策を立てずに問題を先送り

問題はなぜ、時宗がフビライに全面拒絶の態度を取り続けたかです。

理由は、国内事情にありました。当時の日本は団結力が万全ではなく、万一、元と交渉の余地を持てば、執権北条氏に反抗する朝廷や幕府内の不穏分子が、争乱を起こしかねませんでした。そのため時宗はフビライを無視したのですが、彼自身はいずれ元が襲ってくる、と覚悟していました。それなのに九州に異国警固番役を配置するくらいで、有効な対策を打たなかったのです。

原発も同じです。もともと福島原発に関しては、安全性を疑問視する声がありました。その声を東京電力と日本政府、原子力工学関係者たちは無視し続けたのです。

彼らは原発の危険性を認めたら、自分たちの立場が脅かされるため、「原発は大丈夫です」と喧伝《けんでん》してきたのかもしれません。時宗も〝原子力ムラ〟の面々も、危険を認識しながら現実から目をそむけ、問題を先送りしてしまったのです。

文永の役の7年後、蒙古軍は再度来襲します。このときは運よく嵐が吹き荒れて蒙古軍は壊滅、日本は救われました。今後の日本はどうなるのでしょうか。神風が吹いてくれるのを、かつてと同じように期待するのでしょうか。

〝おごり〟は自分の首を絞める
桶狭間とミッドウェーに共通する強者の油断

教訓

油断大敵
自分の力を過信しすぎるな

〝東海一の弓取り〟といわれた今川義元が、3000弱の織田信長に敗れた原因は、一言でいえば油断であった。桶狭間《おけはざま》と同じ失敗をしたのが、太平洋戦争のミッドウェー海戦である。惨敗の主因は敵を見くびり、索敵をおろそかにしたことに尽きた。

織田信長の奇襲で勝利した桶狭間の戦い

戦国時代の覇者・織田信長の勇名を、天下に知らしめたのが桶狭間の戦いでした。

永禄3（1560）年5月、駿河（現・静岡県中部）、遠江（現・静岡県西部）、三河（現・愛知県東部）の三国を支配する今川義元《いまがわよしもと》が、上洛戦を開始。尾張（現・愛知県西部）に迫ります。その途上、昼食を取るために休憩したのが桶狭間でした。休息して英気を養い、織田氏の主城である清洲（清須）城を攻撃して、信長の首級《しるし》をあげる。これが義元の作戦でした。

彼の兵力は、実数2万5000人。一方、信長側はわずかに3000人弱と、兵力が格段に違うため、当初から義元は、信長が城にこもるもの、と高を括《くく》っていました。これがそもそもの、彼の誤算でした。勇猛果敢な信長は、籠城せずに、3000に満たない兵を率いて桶狭間方面に進軍。途中で義元の本隊の居場所を摑みます。

戦闘の結果は、ご存じの通り。信長は「狙うは義元の首一つ」と命じて、敵の本陣に突っ込みました。奇襲を受けた今川方はパニックに陥ります。その中を織田軍は、300余りの旗本に守られただけの義元に殺到し、彼の首をあげて勝利をものにしました。

義元の敗因を一言でいえば、「油断」でしょう。敵将信長の性格を知ろうとせず、敵

イラスト・桜芽

の動きも探っていなかったのですから。

敗戦の原因は油断

この桶狭間の今川義元と同じ失敗をしたのが、太平洋戦争の「ミッドウェー海戦」に出撃した日本海軍でした。

昭和17（1942）年6月、日本の連合艦隊は、主力空母4隻ほか、兵数10万人の大部隊でミッドウェー島を攻撃。この島を爆撃して、敵の機動部隊が出てきたところを叩こうという、〝一石二鳥〟を目論《もくろ》みました。

ミッドウェー（中間点の意）は太平洋のほぼ真ん中に位置しています。文字通りの島で、日本から東南東へ約4

100キロメートルの地点。ミッドウェー島の米軍基地を攻撃して占領し、ハワイの敵空母部隊を動けなくしてしまおうという作戦でした。4隻からなる空母部隊を指揮したのは、海軍兵学校を優秀な成績で卒業したエリートの南雲忠一《なぐもちゅういち》中将でした。

しかし、米軍の方が一枚上手。暗号解読によって、日本軍がミッドウェーを攻めることを知り、周辺で待ち構えていたのです。

それなのに日本軍は、索敵《さくてき》（偵察）機を7機しか出しませんでした。最初の攻撃隊がミッドウェー島を爆撃し、次の部隊が空母から発艦するときになって、ようやく敵の機動部隊を発見。慌てて攻撃機の爆弾を魚雷に付け替えているところを攻撃され、「加賀」「赤城」「蒼龍」「飛龍」の空母4隻すべてを失う大惨敗を喫してしまったのです。

敗北の主因は、敵を見くびったことでした。前年12月の真珠湾攻撃以来、日本海軍は快進撃を続けていました。そのため、米海軍が待ち構えているとは夢にも思いません。油断大敵でした。

ビジネスも同じです。業績が好調なため、ライバル会社や業界の動向に注意を払わず、出し抜かれてしまった、という話をよく耳にします。何百年経っても人間は、心の中の〝おごり〟によって、自分の首を絞めてしまうもののようです。ご用心、ご用心。

目先の利益に釣られる

石川数正の失敗を笑えない現代の政治家たち

教訓

他人のものは、よく見えるもの「隣の芝生《しばふ》は青い」と肝に銘じる

人は不満や野心に振り回され、致命的な判断ミスをする。徳川家康の重臣・石川数正が、豊臣秀吉の誘いに乗らなければ、石川家には違った未来が待っていたはずだ。平成22年の参院選で、自民党候補として当選しながら、民主党に鞍替えした議員も、再び自民党が政権を握ったとき、さぞや後悔したことだろう。

幸せを求めての転職が災いする

「こんな会社、辞めてやる！」――サラリーマンなら、一度は思ったことがあるでしょう。会社に不満を抱えている人は、他人の会社が現実以上に良く見えるものです。

その結果、幸せを求めて転職。ところが、新天地が楽園でないため失望。こんなことは、歴史の世界では珍しいことではありません。つい、感情にまかせて……。

いい例が戦国時代、徳川家康の重臣だった石川数正《かずまさ》です。徳川家のナンバー3で、数々の戦場で武功を挙げながら、天正13（1585）年、家康のもとを出奔し、そのライバルである豊臣秀吉に寝返ったのです。

彼が裏切ったのは、秀吉の人たらしの術にだまされたからでした。

小牧・長久手の合戦の際、秀吉は敵軍でありながら、数正を「あなたの武勇にあやかりたい」と褒め上げて黄金10枚をプレゼント。家康に使者を出したときも、必ず別に数正にも挨拶に行かせるなど、あの手この手でこのナンバー3を懐柔しようとしました。

数正は「秀吉と通じているのでは？」と疑われて、徳川家に居づらくなり、ついには秀吉のもとに走ったのです。

秀吉の本心は、数正から徳川家の軍事機密を聞き出したかったのではないか、といわ

イラスト・加藤玲奈

れています。これが事実なら、数正は利用されただけ。実際、彼は秀吉から信州（現・長野県）深志城《ふかしじょう》（のちの松本城）８万石を与えられたものの、活躍の場に恵まれぬまま、〝出奔〟から７年後に没しています。

石川家は嗣子の康長《やすなが》が跡目を継ぎ、関ケ原の合戦では徳川方の東軍に参陣。古巣への復帰を果たしましたが、出戻りとして肩身の狭い思いをしたあげく、慶長18（１６１３）年には領地の隠蔽《いんぺい》を理由に改易され、石川家は消滅してしまいます。

思慮不足が原因の判断ミス

現代の政界でも、同じことが起きて

います。社民党の闘士として「総理、総理」と連呼した女性議員は、平成22（2010）年に党を見捨てるように民主党（当時）に走りました。俳優出身で社民党副党首を務めた代議士も、平成17年に民主党に駆け込んでいます。2人は弱体化した政党から、上り調子の民主党に移ったのですが、「裏切り者」のそしりはまぬがれませんでした。

そういえば、平成22年7月の参院選で自民党候補として初当選しながら、民主党政権の「こっちの水は甘いぞ」という誘いに乗って、〝出奔〟した議員もいました。

ところが、その1年半後に民主党は政権から転落。自民党の天下が始まりました。この議員は、さぞかし後悔したのではないでしょうか。

人はときとして、己れの不満や野心に振り回され、致命的な判断ミスをしてしまいがちです。石川数正が豊臣秀吉の誘いに乗らなければ、石川家は徳川家の重鎮として、幕末まで繁栄していたはずです。

よく「ピンチはチャンスだ」と言いますが、そうした場合に重要なのは冷静な判断力です。人生の岐路に立たされたときは、その後の運命を多角的にシミュレーションし、沈着な判断を下さなければなりません。石川数正や現代の〝転向〟政治家を、反面教師ととらえてみてはいかがでしょうか。

事態の深刻化と時間の経過は比例する

荒木村重と猪瀬元知事に共通する判断ミス

教訓

判断は早々に、一方で慎重に

トラブルが起きたとき、すぐに謝罪せず、もたもたしていると事態は深刻化する。現金を受け取った疑いから東京都知事を辞任した猪瀬直樹氏も、時間を浪費して自滅した。荒木村重も、すぐに信長に頭を下げて釈明していたら、悲劇は起きなかったかもしれない。

官兵衛のピンチを生んだ、荒木村重の反乱

平成26（2014）年のNHK大河ドラマ『軍師官兵衛』は、なかなか好評でした。黒田官兵衛は豊臣秀吉を天下人に押し上げた名参謀でしたが、幾多のピンチを経験しています。そのひとつが、天正6（1578）年、有岡城《ありおかじょう》（現・兵庫県伊丹市）に1年にわたって監禁された事件です。

事の発端は、この城の城主・荒木村重が主君である織田信長に反旗を翻したことでした。官兵衛は村重の説得に向かい、逆に捕えられ、過酷な環境の牢につながれて片足が不自由になってしまいます。

村重は信長の寵臣でした。その村重が謀反に走ったのは、織田と敵対する大坂本願寺を包囲している最中に、部下が本願寺に兵糧を売った、という噂が流れたからでした。

この話を信長が信じたら、どんな制裁を受けるかしれません。村重は明智光秀などの説得を受け、信長に会って弁明しようとします。しかし、部下の中川清秀が反対しました。

「信長さまは、どんな弁明も聞きますまい。安土城に行ったら、必ず殺されますぞ」

なるほど、と村重はこの助言を受け入れて、有岡城に籠城。そのあげく、家族をも見

イラスト・荒木智美

捨てて、わずかな家臣を連れて逃亡することになりました。

釈明は急ぐべし

——その後が、悲惨でした。

城に残された家臣は、信長に降伏。村重の妻子ら36人を含む家臣とその妻子600人以上が殺されたのです。

集団で民家に押し込められて焼き殺されたり、手足を馬車に引っ張らせる股裂きにされた人もいました。

もし謀反の噂が出た時点で、村重が信長のもとに駆けつけ、頭を下げて釈明していたなら、こうした悲劇は生まなかったかもしれません。

同じことは、現代でも起きます。仕

事や私生活でトラブルが起きたとき、すぐに謝罪せず、もたもたしているうちに事態が悪化し、手の施《ほどこ》しようのなくなるパターンがそれです。

ある人物から5000万円を受け取った疑いをもたれて、東京都知事を辞任した猪瀬直樹氏もその一人でしょうか。耳から汗を流し、鞄に5000万円に見立てた箱を詰めようとする姿を、テレビの映像でみて、覚えている人は少なくないでしょう。

彼は早めに真実を語り、辞任していれば、あれほどの大騒動にはならなかったように思います。

その猪瀬氏の後に、都知事になった桝添要一氏も、豪勢な海外視察を行い、官費で中国服を買ったことなどを問題視され、辞任に追い込まれました。彼は東京大学法学部出身で、頭のいい人物です。それゆえ、口先でごまかせる、と周囲を軽く見ていたふしがあります。「公用車は動く知事室」「中国服は書道に最適」という言葉で、都民が納得する、と思っていたのかもしれません。

すべてを捨てて逃亡した村重は、そのうち秀吉の御伽衆《おとぎしゅう》となって生き延び、剃髪して「道薫」と名乗りましたが、本人は過去を恥じて「道糞」と称したこともあったようです。天正14（1586）年に、村重は死去していますね。享年は52でした。

公人の金銭やりとりは厳しくチェックを

「不正蓄財」と「清貧」で明暗分けた2人の大久保

教訓

金は浮き物 執着しすぎると失敗する

お金がもとで、窮地に立たされた歴史上の人物は少なくない。その一人が大久保長安。徳川幕府の、鉱山開発の責任者の立場を利用して、不正蓄財に励んだといわれている。一方、幕末・明治期の大久保利通は公的事業のために私財を擲《なげう》っていた。

お金のやり取りは慎重に

人間はお金のやり取りで、墓穴を掘るもののようです。古くは、ロッキード事件。このときは首相経験者の田中角栄が逮捕されたことで、歴史に記憶されました。その後の大きなものでは、リクルート事件でしょうか。未公開株を政治家が受け取っていた、というものでした。最近ではときの内閣府特命担当大臣（経済財政政策）の金銭授受疑惑もありましたね。もっとも、この一件は疑惑が晴れたことになりましたが。

お金が原因で、窮地に立たされた歴史上の人物は少なくありません。

その一人が、大久保長安《ながやす》です。この人物は甲斐（現・山梨県）の出身で、金春座《こんぱるざ》の猿楽衆・大蔵大夫《おおくらたゆう》の次男でした。長安は武田家の家臣となりましたが、主家が滅亡したため徳川家康に召し出され、石見（現・島根県西部）や佐渡、伊豆などの鉱山開発に尽力。徳川幕府に、多大な貢献を果たしました。

ところが慶長18（1613）年4月、長安が69歳で死去すると、大久保一族の運命は暗転します。長安を信任していた家康が、態度を一変させ、長安の息子7人をすべて切腹または死罪としたのです。さらに長安の墓まで暴いて、腐乱した死体を磔刑《たつけい》に処したともいわれています。

イラスト・石崎詩織

表向きは、公金横領。しかし本当の原因としてささやかれたのが、伊達政宗の幕府簒奪《さんだつ》計画に、長安が荷担したという説。政宗の娘婿・松平忠輝は徳川家康の六男であり、その後見人が長安でした。政宗と長安は、忠輝を次期将軍に擁立しようとしていた、というのです。

お金の流れは厳しく見られるもの

なにしろ長安の権勢は、天下に並ぶもののないほどのもの。さしもの幕府も、本人が死ぬまでは手を出すことができませんでした。

政宗の動きも、怖かったのでしょう。

長安の死を待ち構えていたような、大弾圧を大久保一族に加えました。つづいて、越後高田75万石（一説に60万石）の城主であった忠輝を、元和2（1616）年に改易としています。

真相は明らかではありませんが、長安が鉱山開発を一手に引き受けた過程で、〃酒池《しゅち》肉林《にくりん》〃の贅沢三昧《ぜいたくざんまい》をしていたことは、ほぼ間違いないようです。

同じ大久保姓でも、長安の対極にあったのが幕末・明治の英傑・大久保利通《としみち》でしょう。明治維新を成し遂げた、〃三傑〃の一人です。

こちらの大久保は、明治11（1878）年5月に、東京・紀尾井坂で暗殺されました。死後、遺族らが彼の手文庫を調べたところ、わずかな現金しか残っていませんでした。大久保は公的事業のために私財をなげうち、足りない分は個人的に借金をして、これに充てていたのです。この時代、大久保の部下の山縣有朋《やまがたありとも》や井上馨《かおる》、大隈重信《おおくましげのぶ》らは財界と癒着して、豪遊し、一方で巨万の富を築きましたが、大久保本人は国のために自分の財産を投げ出していたのでした。

現代社会では、公人へのお金の流れは厳しく監視されています。が、それでも政治家によるウサン臭い話は、一向になくなりませんね。

小さな反乱が大規模合戦に拡大

安保法案反対デモは現代版「島原・天草の乱」

教訓

信念あれば、政治も動く

島原という小さな地域で起きた一揆の鎮圧に、幕府は失敗。大規模な合戦に拡大した。沖縄ではいまも、辺野古基地建設に反対する運動が繰り広げられ、いつの日か政府を翻弄するものに拡大するかもしれない。小さな反乱をあなどってはいけないことを、歴史はくり返し教えてくれる。

農民一揆だった島原の乱

大学紛争の嵐が吹き荒れた昭和45（1970）年以降、学生運動は沈静化しました。若者が政府の方針に反対を唱え、デモや集会をする光景は長くみられませんでした。

そうした風潮に一石を投じたのが、若者の組織「SEALDs（シールズ）」――。平成27（2015）年、安保法案に彼らは反対したのです。また、沖縄では辺野古基地建設に反対する人々が、懸命の抵抗を続けています。反体制運動の炎は消えず、ということでしょうか。江戸時代にも、民衆が政府権力と対立した大事件が起きました。

有名なのが、島原・天草の乱です。キリシタンの天草四郎が指揮したため、この乱を宗教的蜂起と思っている人もいるようですが、本質は農民一揆でした。

島原・天草の乱が起きたのは、寛永14（1637）年――震源地は肥前（現・佐賀県と長崎県の大半）の島原半島、肥後（現・熊本県）の天草地方でした。

そもそもの原因は、島原藩主の松倉重政が強引な政策を施したことにありました。彼はいずれ、もっと豊かな領土と自領を交換してもらおうと画策。そのため実質4万石の、島原藩の収穫をかさ上げして、幕府に13万石と過大に申告しました。不足分は、もうかっている朱印船貿易の利益で穴埋めしていたのです。

イラスト・八木幸恵

ところが寛永10年、幕府は大名貿易をすべて禁止にします。そのため、島原藩の財政は逼迫《ひっぱく》。重政の後継者・勝家は、農民に重税を課し、同時に隠れキリシタンへの弾圧も強めたのです。

少年が起こした反乱が大規模合戦に拡大

そんなおりの寛永14年10月、農民2人が島原の有馬村（現・長崎県南島原市）で布教活動をし、島原藩はこの2人を捕縛しました。これに隠れキリシタンの農民が怒り、積年のうらみに火がついて、代官を殺害しての古城・原城跡への籠城となります。

その間、天草でも四郎を大将とする

一揆が勃発。彼らは原城跡に、奪った武器、兵糧を運んで合流しました。

〃天草四郎〃は益田四郎時貞《ますだしろうときさだ》といい、まだ16歳（諸説あり）の少年でした。

島原藩だけでは一揆を鎮圧できない、と判断した幕府は、三河深溝藩《ふこうず》（現・愛知県額田郡幸田町深溝・1万5千石）の藩主・板倉重昌を総大将とする鎮圧軍を派遣。同年12月10日、最初の原城攻撃が行われました。しかし幕府軍は、籠城する3万7000人にてこずります。敵の中に、戦国生き残りの牢人が多数いたからでした。

そのため攻城戦は越年し、明けて寛永15年元旦、幕府軍は総攻撃を開始。しかし4000人もの死傷者を出し、主将の重昌まで戦死してしまいます。ここに至って〃知恵伊豆〃こと実力派老中・松平信綱が島原に到着。九州の諸大名に大動員令を発し、鎮圧軍は12万人以上に膨れ上がりました。彼らは兵糧《ひょうろう》攻めに転じます。

2月27日、幕府軍は抜け駆けの功名を狙った佐賀藩につられて攻撃を開始。天草四郎はもちろん、老幼婦女子に至るまで、ことごとくを惨殺。28日に、乱は終息しました。

島原という小さな地域で起きた一揆なのに、幕府は鎮圧に失敗。大規模な合戦に拡大したのです。沖縄ではいまも、辺野古基地建設に反対する運動が繰り広げられていますが、こうした運動がいつの日か、ときの政府を翻弄し、その運命を制することになるかもしれません。

平家討伐の裏側に密告者の姿あり

裏切者の密告で大失敗した「鹿ケ谷の陰謀」

教訓

人の口に鍵はかけられない

人気タレントグループの解散騒動——情報は流出してしまうもので、騒動は沈静化されないまま、グループの解散が決まった。この騒動で思い出すのが、平家打倒計画。後白河法皇の側近たちが企てたが、事前に清盛の耳に入り失敗に終わった。重要な情報ほど漏れるものなのである。

失敗に終わる「鹿ヶ谷の陰謀」

人気タレントの引退や解散のニュースは、多くの人々の興味と関心を引きつけるもののようです。世間をビックリさせた、人気グループの解散騒ぎも同じでした。当時の報道によると、彼らの独立話は事前に事務所副社長の耳に入っていたとか。情報は流出してしまうものです。その後も解散騒動は沈静化せず、グループは解散してしまいました。

この騒動で思い出したのが、平安時代に起きた平家打倒計画です。飛ぶ鳥を落とす権勢を誇った、平清盛を滅ぼそうとした後白河法皇《ごしらかわほうおう》の側近たちが、京都東山の鹿ヶ谷《ししがたに》で計画を練ったことから、「鹿ヶ谷の陰謀」とも呼ばれています。法勝寺《ほっしょうじ》の執行・俊寛《しゅんかん》がこの地に持っていた山荘で、平家と比叡山の対立を利用して兵を集め、清盛の寝首を掻《か》く計画が秘かに練られたのでした。

しかしこの計画は、事前に清盛の耳に入り、安元3（1177）年6月、関係者は次々と捕縛されました。逮捕者のうち、藤原師光《もろみつ》（法名・西光）は西八条の清盛邸の庭に引き据えられ、激しい拷問（口裂きの責め苦）を受けたあげく、自白状を書かされ、斬首に処せられました。権大納言《ごんのだいなごん》の藤原成親《なりちか》は備前（現・岡山県南東部）に護送され、菱《ひし》（菱の実に似た鋭い武器）を立てておいた谷底に、突き落とされて殺された、とも伝

イラスト・樫田真美

えられています。

密告によって察知された平家打倒計画

俊寛と検非違使《けびいし》左衛門尉《さえもんじょう》の平康頼《やすより》ならびに藤原成経《なりつね》（成親の子）は、薩摩国（現・鹿児島県西部）のはるか南の島・鬼界ヶ島《きかいがしま》（現・薩摩硫黄島《いおうじま》と伝わる）に流罪となりました。

このほか中原基兼《なかはらのもとかね》や惟宗信房《これむねのぶふさ》など、多くの後白河院側近が処罰され、クーデターは完全に失敗。大規模な計画だっただけに、もし事前に察知されなかったら、さしもの清盛もかなりのダメージを受けたはずです。

なぜ、これほどの謀議が平家方に漏

れたのでしょうか。答えは簡単です。裏切り者が出たから。一味に加わり、反平家の兵力を期待された源氏の一族・多田（源）行綱《ゆきつな》が、「とてもこの計画は実現に移せない。実行不可能だ」と弱気になり、土壇場で清盛に密告したのでした。

『平家物語』と『愚管抄《ぐかんしょう》』によると、行綱は企てが発覚したら、自分が真っ先に殺されると踏み、清盛に訴え出た際には、後白河院から賜った白い宇治布を証拠品として提出。清盛は、この布を焼き捨てたそうです。

『韓非子《かんぴし》』に、「事《こと》は密《みつ》なるを以《もっ》て成り、語《ご》は泄《も》るるを以て敗《やぶ》る」との言葉があります。計画は秘密を固守することで成就し、企ては外に漏れたとき失敗する、という意味です。

密告者のその後は、顰蹙《ひんしゅく》ものでした。行綱は清盛没後の寿永2（1183）年、源氏に寝返り、木曾義仲《きそよしなか》や源義経の配下に。それなのに義経を摂津国河尻《かわじり》（現・兵庫県尼崎市）に要撃するなど、無節操の限りをつくしました。

ちなみに島流しとなった俊寛と康頼、成経の3人のうち、康頼と成経はのちに赦免となって京に戻っています。ただ、俊寛だけは清盛が「法勝寺《ほっしょうじ》の執行《しゅぎょう》（寺の執事長にあたる職）になるとき、便宜を図ってやったのに、そのわしを裏切るとは！」と怒り心頭に発したため、赦免されませんでした。

能楽や歌舞伎の演目「俊寛」として、長らくその悲劇は語られています。

人気や権勢も発言次第で下落する

うっかり発言で銀行を潰した片岡直温蔵相

教訓

知らず知らずのうちに踊らされても真実を見極める思慮深さは持つべし

人はちょっとした言葉で、取り返しのつかない事態を引き起こしてしまう。部下の失言で、政権が危機に直面。こうしたことは、歴史上に何度もあった。安倍政権も閣僚の失言で苦労した印象がある。失言によって恐慌に陥り、ときの政権が崩壊することも。我々も、発言には注意したい。

失言から生まれる謝罪

安倍政権は閣僚による〝失言〟で、苦しんだ印象があります。ときの環境大臣は東京電力福島第1原発事故を語った際、当時の民主党政権下で国が定めた除染《じょせん》目標1ミリシーベルト以下について、「何の科学的根拠もなく、時の環境大臣が決めた」と発言。あるいは、ときの内閣府特命大臣（沖縄及び北方対策担当）は、記者会見で「歯舞《はぼまい》」という漢字が読めませんでした。

そうかと思えば、ときの自民党法務部会長は参議院憲法審査会で、オバマ米大統領について「今、米国は黒人が大統領になっている。黒人の血を引くね。これは奴隷ですよ」と述べました。が、これは誤りで、オバマ氏は奴隷ではなく、ケニアからの留学生の息子でした。そのあとには、農林水産大臣が続きます。TPPの承認案の、強行採決に触れる発言を行い、謝罪したばかりのときに、「こないだ冗談を言ったら（農相を）クビになりそうになった」と、またもや問題発言。2度の失言で、国会を大混乱させてしまったこともありました。

大臣の失言で、政権が危機に直面——こうしたことは歴史上、何度もありました。

有名なのが昭和2（1927）年3月14日、若槻礼次郎《わかつきれいじろう》内閣の片岡直温《なおはる》大蔵大臣が議会で語った言葉です。片岡大臣は関東大震災によって発生した、〝震災手形〟の整理について会議で追及を受ける中で、次のように語りました。

「きょう正午ごろにおいて、東京渡辺銀行がとうとう破綻いたしました」

しかし、これは事実ではありませんでした。たしかに、東京渡辺銀行は経営に苦しんでいましたが、決済資金を工面して、支払い停止を免れていたのです。大臣の発言は、確認のない誤ったものでした。

政権崩壊という事態にも

ところが、世間はこの発言を信じてしまいます。

その結果、東京渡辺銀行は多くの預金者がお金を引き出す「取り付け騒ぎ」を起こし、ついには休業に追い込まれてしまいました。

イラスト・八木幸恵

騒動は同行にとどまらず、中井銀行が休業整理を発表、東京中野銀行も同様に。このほか左右田《そうだ》銀行、八十四銀行、中沢銀行、村井銀行など数多くの金融機関が休業する事態に陥ったのです。片岡大臣はなぜ、失言したのでしょうか。実は本来であれば、彼は大臣として大蔵官僚がつくった原稿を読む決まりだったのですが、彼は日頃から原稿なしでしゃべることも多かったようです。そのため議会の最中に、大蔵次官から渡された「破綻した」とのメモを、そのまま口にしてしまいました。震災手形に関する野党議員の追及をかわすために、大きなニュースを口にしたとも言われていますが……。

いずれにせよ大臣の不用意な発言で、経済は麻痺し、彼は「まだ死んでいない銀行に死刑を宣告した」と、議会で責め立てられることになりました。

こうして金融恐慌を引き起こした責任は、片岡大臣のみにとどまらず、若槻総理大臣にも及び、4月14日、彼は天皇に辞表を提出。4月20日、内閣は総辞職して若槻政権は終わり、陸軍出身の田中義一《ぎいち》内閣が成立したのでした。ちなみに、この内閣は「積極外交」で有名です。一方、安倍首相は「積極的平和主義」という言葉を使いました。

失言で日本を恐慌に陥れ、政権が崩壊。人間はちょっとした言葉で、取り返しのつかない事態を引き起こしてしまいます。ときの為政者のみならず、すべての人は自らの発言にご用心、ご用心。

目先のことしか見えなかった新旧の組織

〝成り上がりの限界〟で滅びた新撰組

教訓

目先の欲にとらわれず将来を読む者が勝利を得る

新撰組は「武士になりたい」、民主党は「政権を取りたい」――どちらも目の前にある野望を成し遂げることに夢中になり、その先のビジョンがなかった。明治2(1869)年、新撰組消滅。平成24(2012)年、民主党下野。約150年の時を経て、同じ運命をたどる――。

強い願望が成功を導く

江戸時代の末期、混乱の幕末に活躍した集団といえば、「新撰組」です。

幕府の手先として、長州系の浪士を多数斬殺した、実行集団として知られています。見方によっては、この集団と平成21（2009）年に政権を奪取した「民主党」が、ダブって見えます。いずれも、目先のことしか考えていなかった点が似ているのです。

まずは、新撰組――。

近藤勇と土方歳三がツートップとなり、京都で尊攘派浪士の鎮圧にあたりました。天領（幕府直轄領）の農民出身の彼らが、「武士になりたい」との

イラスト・日下亜美

強い願望を抱いていたことは、よく知られています。

文久3（1863）年、京都で将軍警護を担当する「浪士組」の募集がおこなわれ、近藤と土方は一も二もなくこれに飛びつきました。うまくすれば、幕府の直参に取り立ててもらえるかもしれません。

ところが京都に着くと、「浪士組」の首謀者である清河《きよかわ》八郎が、自分たちは幕府ではなく、天皇のために働く、と言い出します。組織は空中分解。近藤らは京都に残り、会津藩主・松平容保《かたもり》のお預かりとして「新撰組」を結成しました。これで彼らは、念願の武士になれたのですが、ここから様子がおかしくなります。

近藤も土方も、もとは尊皇攘夷思想に傾倒していたにもかかわらず、尊攘派の志士たちを抹殺する殺戮《さつりく》集団に変貌してしまいました。違和感を覚えた同志の山南敬助《やまなみけいすけ》が脱走すると、連れ戻して切腹させ、分派活動をした伊東甲子太郎《いとうかしたろう》は暗殺。粛清と謀殺を繰り返したあげく、近藤は斬首、土方は箱館戦争で戦死します。その死に方も、支離滅裂でした。

目先の欲求しか考えられない愚かさ

彼らの失敗は、武士になることしか考えていなかったことにあります。その先を見すえず、農民であるコンプレックスを満たして、つい舞い上がってしまったのです。

昭和38（１９６３）年の映画に『新選組始末記』（三隅研次監督）があり、この作品で若山富三郎演じる近藤勇が、主人公（市川雷蔵）にこう語りかけていました。

「実は私は百姓なんです。どうにか侍になりたい一心で剣を学んでね。武士らしく、武士らしく。私は百姓の生まれだから、余計にこだわるんですなぁ」

彼らが何につけても「切腹」を言い出したのは、コンプレックスによるものでした。

与党となった頃の、当時の民主党も同じです。「コンクリートから人へ」のスローガンで政権を取ったまでは良かったのですが、普天間基地移設問題で迷走し、社民党を切り捨てて、ひたすらダッチロールをくり返してしまいました。その結果、自民党と公明党に政権を奪還されたのです。

民主党も新撰組と同じように、政権を取ることばかりに夢中となり、政策がぶれてしまったように思えます。確固たる理念がなかった、と言われてもしかたがありません。その終幕が小沢グループの分派活動粛清であり、内部瓦解《がかい》でした。

明治２（１８６９）年、新撰組は消滅。平成24（２０１２）年に下野した民主党は、平成28年に民進党と党名を改めました。約１５０年の時を経て、これから民進党はどのような運命をたどるのでしょうか。

敵に温情をかけたことが分岐点

情けで滅亡した平清盛

教訓

油断こそ最大の敵

「平家にあらざれば人にあらず」と一門が威張り、増長した平家の姿は、戦後、経済大国になった日本、「ジャパン・アズ・ナンバーワン」と自惚《うぬぼ》れていた頃のわが国を思い起こさせる。バブルが崩壊した後は、GDPで中国に追い抜かれ、電器産業シェアにおいても韓国企業の後塵を拝する始末。栄華に胡座《あぐら》をかいていたら、かならず墜落《ついらく》、没落する。

天皇の外戚になり栄華を誇る

人に情けをかけることは、立派なおこないです。しかし、歴史上ではその情けが、わが身に刃となって向かってくることも、しばしば——。

その好例が、源頼朝の命を助けた平清盛の一件です。

頼朝は、平治の乱（1159年）で清盛に敗れた源義朝の三男でした。長兄の義平《よしひら》は捕らえられて処刑され、次兄の朝長《ともなが》は怪我《けが》をして自害したといわれています。生き残った頼朝は、京都で清盛の引見《いんけん》を受けますが、当然ながら清盛は、頼朝を処刑しようとしました。ところが、ここで清盛の義母・

イラスト・綺月

池禅尼《いけのぜんに》が待ったをかけます。

頼朝が14歳と若年であり、亡くなったわが子・家盛《いえもり》に面影が似ている、と助命を頼んだのです。清盛はこの義母の願いを受け入れ、頼朝を伊豆へ配流にしました。

助けたのは、頼朝だけではありません。頼朝の異母弟・牛若（のちの義経）も、母・常盤御前《ときわごぜん》の美しさに清盛が参って、助命。京都の鞍馬寺へ預けてしまいます。

清盛にすれば、２人の命を助けたところで、自分に災いをもたらすことはない、と考えたのでしょう。実際、彼は後白河天皇のおぼえめでたく、とんとん拍子に出世していました。太政大臣という高い位につき、自分の一族を高位の高官に取り立てました。500カ所以上の荘園と30カ国以上の知行国を所有。日宋貿易でも、莫大な利益を獲得していました。

きわめつきは、娘の徳子を高倉天皇に輿入れさせたことでしょう。徳子が産んだ男児は、安徳天皇として即位します。天皇の外戚になったのですから、「平家にあらざれば人にあらず」と一門が威張りたくなるのも無理からぬ話です。

平家滅亡の分岐点

しかし、栄華は続きませんでした。治承4（1180）年、後白河法皇の皇子・以仁《もちひと》王《おう》が平家打倒の令旨《りょうじ》を放ったのをきっかけに、諸国の武士が立ち上がります。このとき、頼朝も挙兵。石橋山の戦いで敗れたものの、彼のもとには雪崩《なだれ》を打つように武士が集まりました。やがて、義経も駆けつけて来ます。

寿永2（1183）年、木曾義仲が平家を京都から追放。その後、義経が一ノ谷、屋島、壇ノ浦の合戦で平家に連勝。平家は滅亡し、建久3（1192）年、名実ともに鎌倉幕府が成立しました。

このようにみていくと、清盛が頼朝兄弟を助けたことが、平家存亡の大きな分岐点だった、と考えられなくもありません。もし清盛が2人の命を奪っていたら、これほど早くに平家は滅びなかったはずです。

——現代の日本が、重なって見えます。

日本は戦後、米国の後押しで経済大国にのし上がりました。「ジャパン・アズ・ナンバーワン」といわれた時期もありました。ところがバブル崩壊で力が衰え、GDP（国内総生産）で中国に追い抜かれ、電機産業などは韓国企業の後塵を拝しています。

清盛も経済大国日本も、ちょっとした油断で自分の首を絞めてしまった、そんな印象を筆者は持つのですが、読者の皆さんはいかがでしょうか。

運命のカギを握るのは、いつの時代も女性

名将の勘をも鈍らせる美人には要注意

教訓

何人も、美人には弱いと自覚せよ

新田義貞、朝倉義景など、女性で運命が変わった武将たちがいる。戦《いくさ》でのチャンスを失ったり、自害に追い込まれたりと、いつの時代も男性は美人には弱いもの。結局、政治にも、社会にも、家庭でも、女性が影響するのだから、ことさら自分の周りの女性には注意すべきである。

痛ましい結果を招いた平成と戦国時代の事件

独立行政法人の女性科学者によるSTAP細胞の論文問題は、日本人にとって衝撃的でした。世紀の大発見のはずが、その真偽を疑われ、彼女の所属する組織の上司が責任を感じてか、自殺するという痛ましい結果を招きました。

歴史を振り返ると、女性によって運命が変わった人物をよく見かけます。

その一人が、越前（現・福井県北部）の戦国大名だった朝倉義景《よしかげ》。彼はある意味で、妻に恵まれなかった人でした。管領・細川晴元《はるもと》の娘を正室に迎えるも死別。継室の近衛稙家《たねいえ》の娘も、男子を産めませんでした。その義景の前に現れたのが、家臣・鞍谷刑部《くらたにぎょうぶ》の娘・小宰相《こさいしょう》でした。彼女は側室として長男・阿君丸《くまぎみまる》を産みましたが、その父・刑部が、娘の権勢を笠に着て国政を壟断。その影響で義景は、政治への興味も発言権も失います。女同士の対立で、近衛の娘は京に帰されてしまいました。

ところが義景が36歳のとき、小宰相と阿君丸の母子が他界（死因は諸説あり）。義景は意気消沈してしまいます。このままではマズイ、とここで家臣団がアイデアを練ります。領内から若い女性を集め、美人コンテストをおこなったのです。結果、選ばれたのは家臣・斎藤兵部少輔《ひょうぶのしょう》の娘で、義景は彼女に小少将《こしょうしょう》の名を与え、寵愛しました。

イラスト・佐藤尚美

しかし小少将は、政事《まつりごと》に口出しをするようになり、前波吉継《まえばよしつぐ》や富田長繁《とみたながしげ》といった重臣を、義景から遠ざけてしまいます。これにより朝倉家は弱体化し、永禄13（１５７０）年に織田信長から攻められたときは、浅井長政《あざいながまさ》の同盟もあり、どうにか撃退したものの、天正元（１５７３）年に2度目の攻撃を受けたときは、臆病風に吹かれて撤退。そこを信長に猛追されて、義景は自害して果ててしまいました。享年41。朝倉氏は滅亡してしまいます。

恋にのめり込んで好機を失う

元弘３／正慶２（１３３３）年に鎌倉幕府を滅ぼした新田義貞にも、同じような話があります。義貞は後醍醐天皇に忠節を尽くし、足利尊氏、楠木正成と並ぶ名将として世に知られていました。

その義貞の前に現われたのが、宮中に勤める藤原行房《ゆきふさ》の娘・勾当内侍《こうとうのないし》でした。粗野をもって聞こえる関東武士が、禁中で仕える娘に恋をし、後醍醐天皇のはからいで妻に迎えることができたのです。高嶺の花と結ばれたのですから、義貞が舞い上がってしまったのもしかたのないことかもしれません。

ですが、このことが彼の大いなる失敗につながりました。

建武3（1336）年の正月、九州に逃げる尊氏を追撃するよう、後醍醐天皇から命じられた際、義貞は内侍を残して進発するに忍びず、京都を出るのが3カ月近くも遅れてしまったのです。内侍に心を引かれたばかりに、義貞は好機を失ってしまいました。

その報いのように、尊氏は捲土重来《けんどじゅうらい》して大挙、東上。6月になって、光厳《こうごん》天皇（北朝初代）―豊仁《とよひと》親王（のちの光明《こうみょう》天皇〈北朝二代〉）を奉じて入京し、後醍醐天皇の行在所である延暦寺に襲いかかったのです。

義貞の内侍寵愛のさまを『太平記』は、「これこそまこと、美人が国を滅ぼすのごときたとえ」と評しています。「傾国」「傾城」と同じ意味でしょう。

恋は盲目、野心にも利用される

愛しすぎて道鏡に帝位を授けようとした上皇

教訓

一途な想いを利用するならその代償も覚悟せよ

男性も女性も、人を好きになったら見境がなくなるもの。女帝だって恋に溺れたら、愛する僧侶に帝位までも与えようとする。〝恋は盲目〟とはよく言ったもので、当事者にとって冷静な判断は難しいようだ。その結果、起きたのが「宇佐八幡神託事件」だった。

恋に一途な女性たち

少し前に、スポーツ界でちょっとした騒動がありました。JOC（日本オリンピック委員会）の女性幹部の〝キス強要事件〟です。なんでも、ソチ五輪の打ち上げパーティーで、フィギュアスケート日本代表の男子選手に抱きつき、女性幹部がキスをしたとか。男子選手は拒絶したものの、最後は諦めたように受け入れたとか。

これが恋愛ならなおさら、男性と同様に女性も、人を好きになると見境がなくなるもののようです。昭和11（1936）年5月に、東京で起きた「阿部定《あべさだ》事件」もそうでした。小料理屋の女中・阿部定《さだ》が、その経営者で愛人の石田吉蔵《きちぞう》を殺害し、その性器を切り取って逃走。2日後に逮捕された、猟奇事件。定が裁判で述べた証言は有名です。

「女が刺し身を好かなくとも、亭主が好けば、自然と好く様になる」

女性は恋に、一途になるもののようです。

歴史上では女帝の孝謙《こうけん》上皇（第46代天皇）がこのタイプ。妖僧・弓削道鏡《ゆげのどうきょう》と深い仲になり、彼に帝位を与えようとした「宇佐八幡神託事件」を引き起こしました。宇佐神宮は八幡総本宮、現在も大分県にある神社です。

道鏡は葛城山で修験の荒行を成し、東大寺で仏法を修めたともいわれる人物で、祈禱

イラスト・仲保絵梨伽

僧として上皇に取り入りました。

上皇を閨房《けいぼう》でメロメロにさせて、力を伸ばした話がよく知られています。

上皇はすでに、第47代の淳仁《じゅんにん》天皇に帝位を譲っていました。

ところが天平宝字8（764）年、淳仁帝の側近・藤原仲麻呂《なかまろ》が道鏡の排斥を企てて乱を起こし、仲麻呂は斬首、淳仁帝は淡路に流されます。

孝謙上皇は自ら、第48代称徳《しょうとく》天皇として帝位に返り咲きました。道鏡は野心をむき出しにします。

道鏡の怒りを買って流された清麻呂

神護景雲3（769）年、宇佐八幡

からきた神官が、道鏡に「あなた様が天皇になられれば、天下は泰平になりましょう」とおべっか。道鏡に骨抜きにされていた称徳帝も、「夢の中に八幡の使いが現れた」と援護するしまつ。そのため宇佐に、和気清麻呂《わけのきよまろ》が遣わされ、神託を授かってくるようにと命じられます。しかし、彼は冷静でした。

宇佐の神官たちに、「道鏡に天皇を譲るのはおかしい」と主張します。道鏡に懐柔されていた神官の妨害もありましたが、清麻呂は説得をつづけ、道鏡排斥の神託を出させることに成功します。これを都に持ち帰ったところ、道鏡は激怒。清麻呂は名を「別部《わけべの》穢麻呂《きたなまろ》」と改名させられ、大隅国（現・鹿児島県東部）に配流されてしまいます。

ところがその翌年、称徳帝が崩御。後ろ盾を失った道鏡は、下野国（現・栃木県）に流され、2年後に死去しました。清麻呂は名誉を回復して、その後、栄達を遂げます。

女性は50歳前後になると、女性ホルモンのエストロゲンの分泌が減り、男性ホルモンのテストステロンが相対的に増えるそうです。テストステロンは性欲や攻撃性を高める物質。50代以上の女性がやたらと元気なのは、そのせいかもしれませんね。先の女性幹部は49歳でした。彼女のことは、よくわかりませんが、称徳天皇は己れのテストステロンを制御できなかったのかもしれませんね。

名分があってもはた迷惑な話

「阿部一族」と新幹線放火男

教訓

身勝手な行動で他人を巻き込まない

森鷗外の『阿部一族』は実話を基にしている。史実とは少し違うが、阿部弥一右衛門の勝手な行動から戦闘に発展した話である。以前に、新幹線車内で火を放って、男性が自殺し、女性が巻き添えになるという、痛ましい事件があった。身勝手な行動は、厳《げん》に慎まねばならない。

勝手な切腹ではた迷惑

平成27（2015）年6月、71歳の男が新幹線の車内に火を放って、死亡するという事件がありました。体にガソリンをかけての、覚悟の自殺ですが、気の毒なことに52歳の女性が巻き添えになってしまいました。

このニュースで、「なぜ、他人を巻き添えにしたのか？」と怒りを覚えた人も多いはず。無関係の女性の命を奪い、車両を破壊して、大勢の人に迷惑をかけたのですから。

ここで思い出すのは、江戸時代初期の〝阿部一族〟です。文豪・森鷗外の文学作品として有名ですが、ご存じのようにこの話は実話を基にしています。

事件のきっかけは、寛永18（1641）年3月、熊本藩初代藩主の細川忠利《ただとし》が急死したことでした。このとき側近を中心に、藩士18人が「殉死《じゅんし》」、つまり忠利のために追腹を切ろうと名乗り出ます。彼らは忠利とその世子・光尚《みつなお》の許しを得て、切腹しました。

しかし忠利の恩顧を受けながら、殉死を許されなかった藩士もいたのです。禄高1100石の阿部弥一右衛門で、彼は無許可で腹を切りました。

小説では、忠利が弥一右衛門と性格が合わないため殉死を許さず、弥一右衛門は世間の嘲笑に憤慨して切腹したことになっていますが、実際は少し違います。忠利への感謝

イラスト・和田紗季

の念が、彼をやむにやまれず殉死に駆り立てたのです。しかし、勝手に腹を切ったことで、弥一右衛門の息子と遺族は周囲から白い眼で見られます。

無関係な人たちを巻き込んだ悲劇

忠利の死から2年後の寛永20（1643）年2月、忠利の法要の場で、弥一右衛門の嫡男・権兵衛が突然、髻《もとどり》を切って武士を捨てる、と言い放ちました。周囲の者は、これを亡き先代藩主忠利への当てつけであり、当代・光尚への批判と受け取りました。

権兵衛はその場で捕らえられましたが、残る4人の兄弟は一族郎党から女子供までが、阿部本家に立籠《たてこも》りました。

潔く死に花を咲かせようとする阿部一族に、細川家は弓組と鉄砲組を派遣して、一挙に攻め寄せます。2月21日払暁《ふつぎよ》から、両者は激突。死を覚悟した阿部一族の反撃はすさまじいもので、寄せ手の将・竹内数馬《かずま》が表門で戦死するほどでした。

戦闘で阿部一族は全員が討死《うちじに》に、あるいは自刃して死去。先に捕らえられた権兵衛は、斬首に処せられました。以上が、事件のあらましです。

新幹線で放火自殺した男は、誰に頼まれたわけでもないのに、公共の乗り物の中で勝手な行動に出ました。阿部一族は一応の名分がありましたが、戦《いくさ》を起こして、直接関係のない人たちを巻き込み、道連れにした点では同じかもしれません。

ちなみに江戸時代初期、主君が死ぬと家臣が追腹を切る風潮が広まったため、藩によっては殉死を禁止、または許可制とするところもあり、寛文3（1663）年、将軍・徳川家綱（4代）の代に武家諸法度が改定され、殉死禁止令が明文化されました。違反したら主家をも厳罰に処する、との宣言で、ようやく殉死に歯止めがかかったのです。

江戸時代の武士は、「いかに美しく死ぬか」を心がけていたため、殉死への憧れを抱いていたのでしょうが、人の考え方も時代によって、大きく変わるもののようです。固執しないほうが、歴史的にはいいようなのですが……。

大きな物を造りたがる日本人の愚

新国立競技場は現代の「大艦巨砲主義」

教訓

ひとつの考え方に固執しすぎると正しい判断ができなくなる

膨大に膨れ上がった新国立競技場の建設予算は、税金の無駄遣いという印象を国民に与えた。利権を求めた人々が推進したら、超大型建設になってしまったようだ。これは世界一の戦艦に固執した、日本海軍の大艦巨砲主義を思い起こさせるのだが、いまだに日本人の精神には同質のものが息づいているのだろうか。

世界一の戦艦に固執した日本海軍

世にも不思議なのが、新国立競技場の建設でした。

東京オリンピックの開催都市となった日本の東京――当初1300億円だった予算が、いつしか3000億円以上に膨らみ、その後、減額したとはいえ2520億円という数字に。一般の国民は、税金の無駄遣いという印象を受けました。

しかも、どうしてこうなったのかという責任関係は、はっきりしていません。利権を求めた人々が、寄ってたかって進めたら、超大型建設に膨張してしまった、ということでしょうか。そういえば、東京・豊洲《とよす》市場の建設費も8000億円という莫大な金額に膨らんだ経緯がありました。

大型建設といえば、戦艦「大和」と「武蔵」を思い出します。日本海軍は世界一の戦艦に固執しましたが、「大和」も「武蔵」も実戦では活躍できずに、沈没してしまいました。大きな船と大砲を際限なく求めることを、「大艦巨砲主義」と呼びます。

日本海軍が大艦を求めた背景には、日露戦争がありました。明治38（1905）年、日本海軍は戦艦8隻を擁するロシアのバルチック艦隊を撃破。この日本海海戦により、戦艦と戦艦が戦うとの考え方が定着し、より大きな船を模索するようになったのです。

イラスト・小山田 楓

戦艦「大和」は昭和12（1937）年、「武蔵」は翌昭和13年に建造を開始。両艦とも全長263メートル、排水量6万4000トンという、世界最大の艦船のうえ、巨砲を搭載していました。当時、世界最大の大砲は、米艦の40・6センチ砲でしたが、日本海軍は46センチ砲を開発。これは射程41・4キロで、米国の大砲より3キロ以上長いものでした。海軍は巨艦があれば、海戦に勝てると信じていたのです。

幻のように崩壊した大艦巨砲主義

しかし、連合艦隊司令長官の山本五十六は「大和」の設計責任者に、「キミたちはいずれ失職するぜ。これからは空が大事で、大艦巨砲は要らなくなるんだ」と言ったそうです。山本の言うとおり、航空機が勝敗の鍵を握る時代に、時勢は向かっていました。それを証明したのが、昭和16（1941）年12月の日本海軍による真珠湾攻撃です。350機を超える航空機で、米太平洋艦隊の基地を奇襲。戦艦、駆逐艦など8隻を沈める大戦果を挙げました。米国はこの奇襲で、これからの戦争は航空兵器が勝敗を決すると悟り、急ピッチで空母、戦闘機を増産しました。

皮肉にも日本海軍が米国に、「もはや戦艦の時代ではない」ということを教えたのです。その結果、ミッドウェー海戦（昭和17年）やマリアナ沖海戦（昭和19年）などで、米戦闘機が日本の戦艦、空母に襲いかかりました。「武蔵」は昭和19年10月のレイテ沖海戦で、「大和」は翌年4月、沖縄に向かう途中で沈められました。両艦とも、敵の航空機の餌食となったのです。こうして大艦巨砲主義は、崩壊してしまいました。

再び新国立競技場の件ですが、日本の五輪関係者は、世界に誇れる大きな施設を造ろうとしたのでしょう。森喜朗元首相は白紙撤回に際して、「国がたった2500億円も出せなかったのかねという不満はある」と語りました。まるで、戦前の海軍軍令部のような発言に、筆者は聞こえたのですが、大艦巨砲主義の精神はいまだ、日本人の中に息づいているのでしょうか。

現代に蘇ったかぶき者の逆襲

ネット投稿する若者の原点は戦国時代にあった

教訓

父親たちよ
自信と威厳を持つべし

アルバイト先の冷蔵庫に寝そべったり、観光地で全裸の写真をネットに投稿したり……。社会問題化した若者たちの痴態は、戦国時代から江戸初期に活発化した、「かぶき者」を思い出させる。奇抜な格好をし、社会の秩序を無視して意地を貫き、武勇を誇示する彼らとの共通点とは？

話題にのぼる現代の「かぶき者」

数年前のこと、若者の痴態を報じたニュースをよく目にしました。

アルバイト先の冷蔵庫に寝そべったり、観光名所で全裸になった自分の姿を写真に撮影。ネットに投稿して、社会問題化したことを、覚えている読者も多いでしょう。

こうした若者の行動をみていると、戦国時代から江戸初期にかけて活発化した「かぶき者」たちを、ついつい思い出してしまいます。

「かぶき者」とは奇抜な格好をし、社会の秩序や命令系統を無視して、己《おの》れの意地を貫き、ひたすら武勇を誇示す

イラスト・桜芽

る若者たちの存在。仲間を引きつれて、城下を練り歩いた若き日の織田信長といえば、分かりやすいかもしれませんね。彼の部下の前田利家《としいえ》も「かぶき者」で、平成14年（2002）年のNHK大河ドラマ『利家とまつ』では、信長が利家に「おぬし、まだかぶいておるのか？」と語りかけるシーンがありました。

現代の若者も、一種の「かぶき者」とみなせます。バイト先で奇妙きてれつな写真を撮って、ネットで公開すれば顰蹙《ひんしゆく》を買うのみならず、広く問題化するのは分かってしかるべきはず。それなのに、自分の無軌道ぶりを誇示して悦に入る人たち――。

若者に手を焼いた江戸幕府

戦国の「かぶき者」には、「父親不在」という事情がありました。

天正20（1592）年に始まった「文禄・慶長の役」で、彼らの父親は朝鮮に出兵。その間、息子たちは父親の薫陶《くんとう》を受けずに成長しました。しかも慶長5（1600）年の関ヶ原の合戦のあとは、父親の中には改易される人もあり、リストラの嵐に見舞われます。自信を喪失した父親を見て、息子たちは気持ちがすさみ、かぶいていったとも弁明できるかもしれません。では、彼らは具体的にどんな行動に出たのか。

なんと、「辻斬り」を思い立ち、夜な夜な町人や婦女子に斬りつけるようになったのです。こうした犯罪は、全国で多発急増しました。

この現象は、現代の若者と決して無関係ではありません。

90年代初頭のバブル崩壊以後、不景気になって父親たちは意気消沈。息子に威厳を示すことができなくなりました。息子世代はなかなか正社員になれず、ワーキングプアに甘んじる人も。問題を起こした若者たちは、高度経済成長期にはあった「幸せになれる」との展望が、持てないことへの焦りと失望感の中で、ネット投稿に走り、秘《ひそか》な刹那《せつな》的な、喜びにふけったのでしょう。

最近、社会問題化しているネット右翼の存在もしかりです。有識者の中には、彼らの多くが非正規社員で、会社というコミュニティーに属していないため、中国や韓国の動きに感情的になり、怒りを燃やしやすいのだ、と指摘する向きもあります。

「かぶき者」たちの暴走を見かねた江戸幕府は、それまでの日本にはなかった「武士道」という倫理を、朱子学を借りて構築し、少年やその父親に自己改革を求めました。結果、約100年かけて武士道は普及・定着し、世の中は沈静化しました。

さて、現代のわが国のリーダーたちは、若者やその父親たちに適切な解決策を打ち出せるのか。次世代を担う青年たちに、安心と安定を与えることこそが政治の使命です。東京五輪で浮かれる前に、やるべきことは沢山《たくさん》あると思ったのですが。

「天に唾する」組織は、かならず自滅する

本能寺の変とブラック企業の共通項

教訓

社員を大切にしなければ反抗されても仕方なし

明智光秀が謀反を起こした大きな要因は、「疲労」である。現代も、長時間労働から精神を患い会社を訴える、過労死について遺族が損害賠償を求めるなど、痛ましいニュースを耳にする。社員を大切にしない企業は必ず、しっぺい返しに遭う。経営者は信長の失敗を肝に銘じるべきだ。

明智光秀の謀反は「疲労」が原因

戦国史の大きな転換点になった事件が、〝本能寺の変〟です。

天正10（1582）年6月、織田信長が重臣の明智光秀の謀反によって横死。〝天下布武〟を目前にした信長の野望は潰え、豊臣政権が生まれるなど、まさに歴史を激変させた事件でした。そもそも光秀が、謀反を起こした原因については、天下を横取りしようとしたとか、将軍・足利義昭にそそのかされたとか、さまざまな憶測《おくそく》が流され、いまだに謎とされていますが、筆者は「疲労」が大きな要因だったと考えています。

この当時、光秀だけでなく、織田家の重臣は総じてヘトヘトに疲れていました。打たれ強いはずの羽柴（のち豊臣）秀吉ですら、柴田勝家《かついえ》のもとに援軍に行け、と信長に命令を受けていいます。命令された秀吉には、担当戦域があり、それとは別に、兵を動かさなければなりませんでした。そのため疲労した秀吉は、勝家と口論となり、キレた秀吉が信長に無断で軍をひき、あやうく主君から殺されかけたこともありました。

諸将が担当戦域以外で勝利しても、手柄はその方面の指揮官のものになるうえに、自分の担当戦域の進攻が遅れたら、信長からは容赦のない叱責が飛びます。天正8年に重臣の佐久間信盛《のぶもり》―信栄《のぶひで》父子が高野山に追放されたのは有名な話です。このほか宿老の林

イラスト・修家昴

秀貞《ひでさだ》、安藤守就《もりなり》、丹羽氏勝《うじかつ》なども遠国へ追放されてしまいました。

信長と企業の経営者の共通点

こうした現実から、光秀はいずれ自分も追い出される、という不安にさいなまれていたのです。

実際、彼は武田家滅亡後の宴席の最中に、「これでようやく、我らも骨を折ってきたかいがありました」と漏らして、信長の逆鱗《げきりん》に触れ、公衆の面前で打擲《ちょうちゃく》される屈辱を味わいました。

光秀は信長にとって自分たち重臣が、手足＝道具にすぎないことを思い知らされたのです。

このとき光秀は、54歳（諸説あり）。慢性的な疲労に加えて、信長への不信と人生への不安――それらが、ないまぜとなっているところに、秀吉の援軍としての出撃命令が下ります。繰り返しますが、織田家の重臣はみな、疲弊していました。光秀が謀反を起こさなくても、ほかの誰かが信長を殺害した可能性は高かったのです。信長は人使いの荒さで、自らを滅ぼしたといえるでしょう。

われわれ現代人の周囲でも、同じことが起きています。体力の限界を超える長時間労働を強いられて精神疾患を患ったために会社を訴える、過労死した元社員の遺族が損害賠償を求める――このような話を、始終《しじゅう》（いつも）耳にします。

平成28（2016）年には、大手広告代理店の女性社員の自殺が、社会問題化しました。最近までこの会社に、「取り組んだら放すな――」などの「鬼十則」が長く伝えられていたことは有名です。企業がブラック化する背景には、「社員を馬車馬のように働かせるのは当たり前」という経営陣の歪んだ思い込みがあります。こうしたブラック企業は、ITなどの新興企業にも多いような気がします。

しかし、社員を大切にしない企業は、必ずしっぺい返しに遭います。「天に唾《つば》する」という言葉もあります。社員は企業の構成要員であり、企業そのものでもあるのです。信長の失敗と併せて、企業の経営者・管理職はこのことを肝に銘じるべきでしょう。

組織の中枢に食い込んだ者の注意点

重臣たちの反感に気づけず自滅した本多正純

教訓

だれに対しても配慮の心を忘れてはならない

本多正信は、徳川家康が最も信頼した謀臣として有名。２代将軍に秀忠がなるや、その側近になり、嗣子の正純は家康に仕え、父子で権力の中枢に食い込んだ。しかし、父の死後、息子が欲を出してしまったばかりに、重臣たちの怒りを買ってしまう。周囲に配慮を欠いたことが問題であった。

権勢を強めて自分の首を絞める

歴史好きの読者なら、「宇都宮城釣《つり》天井事件《てんじょう》」をご存じでしょう。

2代将軍・徳川秀忠の側近だった、本多正純《まさずみ》が秀忠の暗殺を画策したお話。釣天井を落下させて、圧死させようとしたというのですが、これは講談などの脚色、つまり創り話です。

しかし、正純が権勢を強めたことで自分の首を絞めてしまったのは事実です。何が災いしたのかを語る前に、父・本多正信の経歴を紹介しましょう。

正信は、徳川家康が最も信頼した謀臣として有名です。平成28（2016）年のNHK大河ドラマ『真田丸』では、

イラスト・桜芽

重要人物として俳優の近藤正臣《まさおみ》さんが演じていました。

ただ、この本多正信は27歳のころ、三河（現・愛知県東部）の一向一揆で、家康と対決した過去を持っていました。一揆は和議にいたりましたが、正信は徳川家に帰順していません。その後、しばらくして、大久保忠世《ただよ》（彦左衛門の実兄）のとりなしで徳川家への帰参がかないました。一説に天正10（1582）年、正信は45歳でした。

家康にとって、帰り新参の正信は優秀な側近でした。とき、「関東を留守にできない」という家康の発言を導き出し、正信は参戦を免れました。彼は徳川家の軍事力維持と、その後の天下取りを瞬時に計算したのです。

秀吉の死後、豊臣家中の対立のなかで、加藤清正や福島正則らが石田三成の命を狙ったときも、「いま三成を殺すのは得策ではありませぬ。彼を助けて挙兵の機会をつくらせるべきです」と家康に進言した、といわれています。その結果、三成が挙兵し、関ヶ原の合戦で家康が勝利して、徳川政権が一気に固まったことは説明の必要がないでしょう。

欲を出しすぎて重臣たちの怒りを買う

正信は家康のために、東奔西走しました。

秀忠が2代将軍になるや、その側近に。嗣子の正純は、〝大御所〟家康に仕えました。

父子で徳川家の、権力の中枢に食い込んだのです。

大坂の陣では正信が大坂城の堀を埋める謀略を立案し、正純がその奉行を務めました。こうして豊臣家は本多父子に滅ぼされたのです。ここまでは父子の、目覚ましい成功物語といっていいでしょう。ところが、2代目の正純の代で、本多家は改易されてしまいます。その裏には彼の軽率さ、思いあがりがありました。

父の正信は生前、幕府内の武断派たちの粛清を目論見《もくろみ》ました。しかし、元和2（1616）年4月、家康が病死。正信もその2カ月後に死去してしまいます。

正純は家康と父親の、2人の後ろ盾をほぼ同時に失ったのですが、彼は自らを実力者だと思い込み、うかつにも宇都宮15万石を拝領してしまいます。父の正信は、自らは清廉潔白でいなければならない、と考え、相州玉縄城《たまなわじょう》（現・神奈川県鎌倉市）2万2000石しか受けなかったのに、息子はうっかり欲を出してしまいました。このことが、本多父子を快く思っていなかった幕閣の、重臣たちの嫉妬と怒りを買ったのですが、当の正純はそれにも気づかなかったようです。

元和8年、正純は秀忠暗殺の汚名を着せられ、出羽国横手（現・秋田県横手市）に流罪となりました。土井利勝《としかつ》らの謀略であったとも言われています。寛永14（1637）年に正純は死去。享年73でした。配慮の足りない点のみ、父に劣る彼の後半生でした。

されど神仏は貴《たっと》し

廃仏毀釈で衰退したキリシタン大名 大友宗麟

教訓

何事も程ほどが肝心 やり過ぎは害になることも

神社仏閣に油がかけられる事件がつづいた、「油かけ事件」は記憶にいまだ新しい。犯人として浮上した男はキリスト教系の新興宗教の創始者で、全国100カ所以上の寺社に損害を与えたと語った。戦国時代、大友宗麟はキリスト教に傾倒しすぎて将兵の信頼を失い、家運を大きく衰退させた。

繰り返された廃仏毀釈

平成27（2015）年春、神社仏閣に油がかけられる事件が相次ぎました。油状の液体がまかれたり、スプレーで吹き付けられたり、地上では「油かけ事件」と呼ばれ、警察が捜査した結果、52歳の男が犯人として浮上しました。警察は逮捕状を取りましたが、その時点で本人は国外に出ていたようです。この男はキリスト教系の新興宗教の創始者で、神の命令に従い、全国100カ所以上の寺社に損害を与えた、と語ったそうです。キリストを信仰する者が、神道と仏教を標的にしたことになります。

この事件で思い出したのが、「廃仏毀釈《はいぶつきしゃく》」です。有名なのが、明治維新のおりのもの。新政府が神道による国民教化をはかるべく、神道を保護したため、それまで〝神仏混交〟でやってきた神職たちが、自分たちの優位性を示すかのように、仏像や仏典を破壊しました。仏像を槍で串刺しにした神職もいたといいますから、穏やかではありません。

戦国時代にも廃仏毀釈をおこない、それが一因で戦《いくさ》で大敗した武将がいました。

豊後（現・大分県の大半）から出現し、全九州を制覇する勢いを示した大友宗麟《そうりん》（義《よし》鎮《しげ》）――彼はイエズス会の宣教師フランシスコ・ザビエルを引見したのをきっかけに、のちにキリスト教へ傾倒。天正6（1578）年、49歳のおりに洗礼を受けています。

信仰の度が過ぎて将兵の信頼を失った大友宗麟

自らはキリシタン大名となり、嫡男義統《よしむね》など大勢をキリスト教に改宗させました。

これが裏目に出たのが、同じく天正6年11月の、耳《みみ》川《かわ》の戦いでした。

宗麟は薩摩の島津義久と激突。島津方の拠点・高《たか》城《じょう》（現・宮崎県児湯《こゆ》郡木《き》城町《じょうちょう》）を攻めました。

このとき宗麟と義統は、占領した土持《つちもち》（現・宮崎県延岡市）の神社仏閣を破壊。義統のやり方はとくに激烈で、仏僧は言うに及ばず、尼僧までも懲らしめのため

イラスト・渡邉彩花

に従軍させたようです。

敵将の島津義弘は、南方の佐土原《さどわら》（現・宮崎県宮崎市）に陣を構え、その途中にも伏兵を配置。11月11日、大友軍が敵は少ない、と判断して油断し、一気に攻めかかったところを、島津氏が得意とする「釣り野伏《つりのぶ》せ」の戦法によって、たちまち500人を討ち取られてしまいました。

ここで義弘は忍びを放って敵の内情を探り、大友軍の首脳部が意志疎通《そつう》を欠いていることをつかみます。大友軍の将兵たちの多くは、いまだに神仏を信じていました。ところが宗麟は、彼らの領内の神社仏閣を焼き払ってきたのです。大友方の将兵は、「これでは神仏のご加護はない」と最初から弱気になり、全体の士気も衰えていたのでした。

翌12日、大友軍は島津軍の前衛を打ち破って突き進みましたが、そこには義弘のワナが待ち構えていました。大友軍は巧みに包囲され、ここに島津方の伏兵が襲いかかり、形勢は一気に逆転。大友方は三方から取り囲まれ、敗走を余儀なくされてしまいます。この一戦で常勝を誇った大友氏の家運は、大きく衰退したのでした。

信仰の度が過ぎて、将兵の信頼を失った大友宗麟。現代の「油かけ事件」の犯人は、さて、こうした現実をどのように考えているのでしょうか。

信長に利用された足利義昭

権威ある人は、お飾りとして祭り上げられやすい

教訓

権威と権力の両立はいつ世も難しい

番組のスタッフと衝突したタレントの出演を、大幅カットして放送したという話題。その人は番組の功労者なのに、物言わぬ人として祭り上げられた。歴史上にも、室町幕府15代将軍・足利義昭と織田信長の関係があった。信長に祭り上げられた義昭は、「信長憎し」に燃えて……。

〝物言わぬ人〟として祭り上げられた人々

平成28（2016）年に、あるテレビ番組に長年出演していた大物俳優が、ひょんなことで話題になりました。マスコミ報道によりますと、番組のスタッフと衝突し、冷遇されていたとか。実際の収録では、お笑い芸人らとの軽妙な掛け合いトークをしているのに、放送ではその部分がことごとくカット。ほとんど、しゃべっていない――。

そのことは以前から話題に上っていたそうで、一部には〝いじめだ〟と評する向きもあったようです。この大物俳優は、20年を越えて続いてきた同番組の功労者。もし事実なら、〝物言わぬ人〟として祭り上げられたことになります。

歴史上にも権威ある人が、お飾りとして祭り上げられた事例は、幾つもありました。たとえば、戦国時代の室町幕府15代将軍・足利義昭《あしかがよしあき》と織田信長の関係です。〝天下布武〟を目指す信長は、京都に入るための大義名分を求めていました。そこで利用したのが義昭です。彼は奈良興福寺《こうふくじ》の塔頭《たつちゆう》・一乗院《いちじよういん》の門跡の地位にありましたが、実兄で13代将軍の義輝《よしてる》が殺害されたため、同院を脱出。越前の朝倉家に身を寄せていましたが、ここでは埒《らち》があきません。そこで永禄11（1568）年、義昭は信長を頼り、上洛を果たしました。おかげで義昭は、室町幕府の15代将軍となれました。

イラスト・小川純菜

感激した義昭は、信長を「御父《おんちち》」と敬うほど。副将軍か管領にしてやる、と信長に申し出るのですが、信長はこれを断ってしまいます。

共存共栄はうまくいかない

両者の蜜月《みつげつ》は、長続きしませんでした。きっかけは永禄12（1569）年に、信長が伊勢（現・三重県北中部）の北畠具教《きたばたけとものり》を下し、自分の二男・茶《ちゃ》筅丸《せんまる》（のちの信雄《のぶかつ》、のぶおとも）を後継として養子に迎えるよう、約束させたことでした。南北朝以来の名門を乗っ取られた、と義昭は激怒しました。

さらに信長は、九カ条（のち五カ条を追加）の「殿中御掟《でんちゅうおんおきて》」を義昭に承認させます。この中に、義昭が諸国に書状を送るときは、信長の添え状をつけること、など将軍の力を制限し、傀儡《かいらい》化する内容が含まれていました。

自尊心の強い義昭が、我慢できるはずはありません。彼は武田信玄や上杉謙信に、秘《ひそか》に「御内書《ごないしょ》」（将軍の私的書簡）を発し、「信長を倒せ！」と命じます。

その結果、本願寺第11代法王の顕如《けんにょ》までもが、ついには門徒を糾合。朝倉義景、浅井長政、比叡山延暦寺《えんりやくじ》、畿内の三好三人衆と手を組み、「第1次信長包囲網」が形成されます。信長は一旦、各勢力と和睦したものの、すぐに義昭との対立は再熱。今度は武田信玄なども加わります。ところが元亀4（1573）年4月、その信玄が急死します。義昭は宇治の槇島城で挙兵したものの、腹心の細川藤孝ともと家臣の明智光秀にも見放され、ついに信長に降伏。これによって、室町幕府は滅亡してしまいます。

義昭は毛利輝元を頼り、上杉謙信などを取りこんで、「第2次信長包囲網」を画策しますが失敗。彼は慶長2（1597）年まで生きて、61歳で死去しました。

信長は義昭を利用して、己れの〝天下布武〟を推進し、彼によって祭り上げられた義昭は「信長憎し」に燃えて、その横死を見届け、己れの生涯を閉じました。

権威と権力の共存共栄は、歴史上、なかなかうまくいかないもののようです。

くり返される歴史の蹉跌《さてつ》

家康と自民党が仕掛けたワナ

教訓

為政者の言葉に踊らされず真実を見極める思慮深さを持つべし

戦国時代の終焉と、その後の支配を決定付けた関ヶ原の合戦。ここで諸将の心理を巧みに操り、その人の本意とは違った結末にまでも持っていった家康の政治力は、自民党が圧勝した選挙戦を思い起こさせる。自分の行為に悔いた武将がいたように、国民一億総懺悔《そうざんげ》とならないように。

家康は人をなびかせて治める

後先を考えずに行動した結果、自分の本意ではない結末を迎える——。人は時に、このような失敗を犯します。戦国時代、関ヶ原の合戦でも、自分の行為を後悔した武将は多かったはずです。

関ヶ原の合戦は、慶長5（1600）年に起きました。徳川家康率いる東軍と、石田三成の西軍が衝突した〝天下分け目〟の決戦として有名です。

この関ヶ原には、家康の老獪《ろうかい》さが如実に表れていました。2年前に天下人の豊臣秀吉が没し、諸将は朝鮮出兵から帰国。豊臣恩顧の大名の中で、武断

イラスト・小林千夏

派の加藤清正や福島正則らが、文治派の三成を憎む構図が出来上がりました。

家康はこの対立をあおり、彼らを仲間割れに誘い込みます。「三成憎し」の大名たちは、「家康殿は話がわかる」と、次々と家康になびいていきました。

機は熟した、と読んだ家康は、豊臣政権の五大老のひとり、上杉景勝《かげかつ》を討つとの名目で、正則や黒田長政などの名だたる豊臣系の大名を従えて会津をめざし、三成挙兵を聞いて反転、西上。関ヶ原の合戦に臨み、西軍を撃破。三成の首を刎《は》ねました。東軍諸将は三成を成敗したうえに、領地の加増というご褒美をもらい大喜びです。

しかし関ヶ原の勝利は、大いなるワナでもありました。この決戦を契機に、世の中は家康に牛耳《ぎゅうじ》られ、秀吉の遺児・秀頼を支える豊臣家の諸侯はガタガタになってしまいます。その後、家康は秀頼の母・淀殿に難癖をつけて大坂の陣を起こし、慶長20年、豊臣家を滅亡させました。いわば、豊臣恩顧の大名たちが家康をのさばらせ、結果的に自分たちの大切な主人を殺してしまったわけです。

人はいとも簡単に踊らされる

同じようなことは、現代でも起きるかもしれません。とくに我々が目にするのが、政界の駆け引きです。たとえば平成25（２０１３）年の参院選で、国民は自民党を圧勝させました。その背景には、民主党政権の東日本大震災後の対応が稚拙で、国民が憎悪と警戒心を募らせたという現実がありました。また、安倍政権が打ち出した〝アベノミクス〟が幸福をもたらしてくれそうだ、との期待感もあったはずです。国民は豊臣恩顧の大名のように、安倍自民党になびいたわけです。

その結果はどうでしょう。東京電力は選挙後になって福島第1原発の汚染水の問題を公表、政府は高齢者を中心とした社会保障費の負担増を言いだし、集団的自衛権の見直しや憲法改正を強引に推し進めました（安全保障関連法は、平成15年9月に成立）。このままで突き進むと、日本は戦前のような軍事国家になりかねません。

その後も安倍政権は、TPP法案や年金支給額を引き下げる法案を強行採決。カジノを設営するIR法などは、ろくな審議もなしに成立した印象を受けます。

まさに、やりたい放題です。歴史的に見た場合、大衆はいとも簡単に為政者に踊らされ、知らず知らずのうちに大切なものを失ってしまう――。

何百年経っても、人間は同じような失敗をくり返し犯すもののようです。その先に待っているのは、「一億総懺悔《いちおくそうざんげ》」の反省とならないように、われわれは常に立ち止って、歴史＝過去に学ぶべきではありませんか。

いつの時代もマネーで踊る人々

バブルで浮足立ち景気への警鐘が聞こえなかった日本人

教訓

良い時代は長続きしない

「良いことは永遠に続いてほしい」という願望が強いあまり、景気後退の事実から、目を背《そむ》けた江戸時代の豪商・紀伊国屋文左衛門。これは1980年代に日本人が経験した、バブルの失敗に通じている。21世紀、日本はこの失敗を活かして経済活動を好転できるのか、それとも……。

江戸時代のバブル体験者

景気が良くなると、人は誰しも「この好景気が長く続いて欲しい」と願い、永久に続くものだ、とつい思い込んでしまいます。1980年代のバブル経済に歓喜した日本人も、おそらく同じ心理だったのでしょう。

江戸時代にも、バブルに踊った人がいました。豪商・紀伊国屋文左衛門《きのくにやぶんざえもん》です。彼がみかんで大儲けした伝説は、読者もご存じでしょう。

みかんが入手できなくて困っている江戸の庶民のために、大時化《おおしけ》の中を紀州に向かい、大量のみかんを命懸けで運んで、15万両の巨利を得た、という

イラスト・日下亜美

お話。1両を10万円とすると、ざっと150億円になります。

しかし、これは史実ではありません。当時の紀州藩は、みかんの出荷を厳しく統制していました。文左衛門のように、突然、買いつけに行っても、売ってもらえなかったのです。それに、当時の船にみかんを満載したところで、量は高が知れています。せいぜい2000両分も積めたでしょうか。いずれにせよ、15万両には遠く及びません。

聞く耳さえ持てなくなる

では、どうやって文左衛門は大儲けをしたのか。実は、公共工事で当てたのです。

彼が活躍した元禄時代、5代将軍・徳川綱吉が積極的経済政策を取っていました。文左衛門は幕府高官とのコネを活かし、上野の寛永寺根本中堂の造営工事に材木を供給して、50万両を得たといわれています。先の計算でいけば、500億円です。彼はその後も、材木を切り出す山元との関係を強化して、公共工事でがっぽり稼ぎました。

その財力で文左衛門は、遊郭の吉原を借り切ってお大尽《だいじん》遊びをしたといいます。芸妓や幇間《ほうかん》に小判を投げ与え、豆まきでお金をまくわけです。似たようなシーンを、以前は時代劇ではよく見かけました。

しかし綱吉が死去すると、幕府は緊縮財政に転換します。公共工事が減り、文左衛門年の財力は急落しました。その結果、八丁堀の邸宅を手放し、深川の裏長屋で侘《わび》しい晩年を過ごしたといわれています。彼は好景気が終わり、景気後退が訪れたことを実感できなかったのでしょう。だから、お金を湯水のように使い果たしたのです。

バブル期の日本も、ふり返ってみれば同じでした。テレビでは経済評論家が、「平均株価は10万円までいく」などと言い放ち、人々は株や土地への投資に熱狂しました。

バブルの最盛期ともいえる平成元（1989）年の、大納会で平均株価3万8915円をつけたあと、総量規制などの影響でバブルは崩壊。山のような不良債権によって、バブル成り金の多くが瞬時にその財産を失いました。

バブルの最盛期にあって、経済アナリストの中には、「もはや日本経済は午後2時、残照に向かいつつある」との警告を発した人もいたのですが……。

昨今でいえば、〝アベノミクス〟のあいまいさと似ているかもしれません。

株価が2万円近くまで回復して、安倍政権の支持率は高まりましたが、潤っているのは大企業など一部の会社だけで、庶民生活は一向に豊かになっていません。それなのに国民の中には、いまが好景気だと錯覚している人もいます。元禄時代の文左衛門の失敗は、20世紀にも起きました。歴史はくり返します。おそらく21世紀にも、起きるのではないでしょうか。

身内を抹殺する経営トップは報いを受ける

豊臣家を崩壊させた秀吉の誤算

教訓

人材に勝る宝なし

経営トップが社員を切り捨てたことが原因で、企業の弱体化が始まるのはよくある話。戦国時代には、豊臣秀吉が甥である後継者・秀次を切腹に追いやり、豊臣家を守るべき身内を失くして、関ヶ原の合戦では豊臣家の大名が分裂。組織力が低下して、大坂の陣で崩壊に追い込まれた。

わが子のために甥を死に追いやる

企業が弱体化する原因のひとつが、有能な社員を失うことです。

経営トップがよせばいいのに、優秀な社員を切り捨てて、組織が崩壊することもあります。戦国時代にも、同じことが起きました。

天下人・豊臣秀吉の後継者である豊臣秀次が、切腹に追いやられた事件です。

秀次は秀吉の姉・とも（日秀尼《にっしゅうに》）の子で、天正19（1591）年、秀吉の養子となり、関白に就任しました。

秀吉の嫡男・鶴松が死去したため、秀吉は秀次を2代目に据えたのです。

イラスト・栗林美奈

ところが、運命は非情でした。秀吉に新たな子、拾《ひろい》（のちの秀頼）が生まれたのです。当然ながら、秀吉の心は揺らぎます。秀頼を関白に据えて、豊臣家を継がせたい。そのためには、秀次が邪魔だ——。

わが子かわいさのあまり、秀吉は秀次を追い落とします。石田三成らを使って、秀次に「謀反《むほん》をたくらんだ」との嫌疑をかけて失脚させ、高野山に追いやり、ついには切腹させてしまいました。

秀次の正室、側室、子どもなど約40人も処刑されました。まさに殲滅《せんめつ》したのです。

しかしこのことは、豊臣家の弱体化につながりました。秀吉はこの年、弟の秀長に病死されています。ただでさえ親族が少なくなったのに、甥の秀次まで殺してしまったのです。豊臣家を守るべき身内を失くした結果、関ヶ原の合戦で豊臣家の大名は分裂。組織力が低下して、大坂の陣（１６１４～15年）で豊臣家は崩壊に追い込まれます。

人を大切にせず政権崩壊に

——秀次事件は、大名の離反をも招きました。

たとえば、出羽（現・秋田県および山形県）の最上義光《よしあき》。彼の娘・駒姫は、秀次に側室として輿入れする予定でした。が、それだけの理由で、処刑されてしまいました。義光は娘を助けられず、娘の死を聞いて数日間、食事もできなかったといいます。また、駒姫の生母はショックで死去した、とも伝えられています。義光は秀吉に憎悪の念を抱き、徳川家康に急接近。関ヶ原では迷うことなく、家康の東軍に加わりました。この戦《いくさ》によって豊臣家が、さらに弱体化したことは説明の必要もないでしょう。

このように、秀吉が身内を抹殺した報いで豊臣家は滅びました。秀頼を守ろうとして実行したことが、逆に作用し、大坂の陣では淀殿だけでなく、肝心の秀頼までもが自害に追い込んだのですから、皮肉な話です。

現代でも、同様の悲劇は起きています。新興の会社が急成長し、経営トップがわが子かわいさから、創業以来のベテラン社員を切り捨てる。その結果、組織がぐらつく。場合によっては、追放された社員がライバル企業を設立して、立ち向かってくることも。

このことは、民主党政権の崩壊時にも当てはまりました。民主党は政権奪取後に小沢一郎氏を切り捨てました。小沢氏が裁判を抱えているとの理由で、執行部が彼を中枢から外したのです。その揚げ句がどうなったでしょう。民主党は右へ左へとぐらつき、政権崩壊に追い込まれました。

秀次事件は、人を大切にしないと企業や政党に明日はない、という厳しい現実を教えてくれているように思うのですが。

指揮官の判断ミスが命取り

勝てる戦で滅亡した淀殿と豊臣家

教訓

相手の心理変化を見抜くべし

豊臣家の重臣たちに、徳川家康のような他人の弱気を見抜く力、戦略を練る力、統率力があったならば、その後の歴史は変わったに違いない。ここで思い出すのは、２０１０年の参院選。民主党政権は野党勢力に押され気味ではあったが、戦略次第では勝つこともできたはずなのだが……。

苦戦を強いられていたのは家康だった

本当は勝てる戦《いくさ》だったのに、指揮官の判断ミスで大負け――いまも昔も、起きている歴史の悲劇です。有名なのが、大坂の陣（1614～15年）でしょう。徳川家康が豊臣家を滅ぼすために、淀殿と豊臣秀頼に難クセをつけた結果、両者は開戦。冬につづく夏の陣では、大坂城は炎上し、ついに淀殿と秀頼は自殺してしまいました。

しかし、この戦いは本来、豊臣方が勝つはずのものでした。なぜならば、攻め手の家康のほうが不利だったからです。豊臣方は真田信繁（俗称・幸村）や後藤又兵衛など優秀な牢人を集めました。その数は、実に10万人。19万人という説もあります（『山本日記』）。いずれにせよ、大坂方は大軍を擁していたのです。しかも彼らの籠《こも》る大坂城は、天下一の堅城、難攻不落の城塞といわれていました。

これに対して、徳川方は20万人。一般的に、城攻めをするときは籠城側の10倍の兵力が必要といわれています。つまり家康は、最初から苦戦を強いられていたわけです。

実際、冬の陣では信繁が守る真田丸において、松平忠直《ただなお》（家康の次男・結城秀康の長男）の軍勢らが多数、戦死しています。それなのに大坂方が負けたのは、徳川方との講和に応じたからです。

イラスト・小川千尋

慶長19（1614）年11月、徳川軍の砲弾が大坂城の本丸を損傷。これに淀殿が怯えて、講和を結んだとされています。大坂城はこの冬の陣のあと、外堀のみならず内堀まで埋められ、翌年の夏の陣で落城してしまいました。

家康の心理変化を見抜けなかった大坂方

実はこのとき、講和しなければならなかったのは徳川方でした。家康は73歳です。この年は例年になく寒波が激しく、高齢の身にはさぞかしこたえたことでしょう。参戦した20万人の将兵も、酷寒で辛い思いをしていました。講和を求めたのは、家康だったのです。

大坂方はもっと、粘り強く戦うべきでした。戦《いくさ》が長引けば、家康は包囲を解いて一時、関東へ帰国を余儀なくされたはずです。そうなれば彼の威信は傷つき、諸大名も離反する可能性が生じ、その後の歴史は変わったかもしれません。

しかし、こうした家康の苦境を、淀殿ほか大坂方の大野治長《はるなが》らは、見抜くことができませんでした。彼らは戦略を練り、統率を取る能力に乏しいうえに、家康の〝弱気〟に気がつかなかったのです。豊臣氏が滅んだ原因は、籠城戦に対する淀殿、治長らの無知と無能ぶりにあったとしか言いようがありません。

思い出すのは平成22（2010）年の参院選です。このとき民主党政権は、自民党などの野党勢力に押され気味ではありましたが、しっかりと戦略を組み上げれば、勝つことも決して不可能ではありませんでした。ところが選挙が始まったとたんに、ときの菅直人首相が「消費税増税」を言い出します。これに国民は驚き、失望したのです。民主党の支持者でさえ、これで「もう駄目だ」とお手上げ状態となりました。

この選挙で民主党は敗北し、その後、政権を自民党に奪還され、長期の安倍政権がスタートしました。人間はちょっとした判断ミスで、取り返しのつかない事態を招いてしまうもののようですね。

手段が目的化しても、うまくはいかない

理念と政策の欠如で滅びた平将門

教訓

思いつきの行動は失敗を招く

理念や方針がないにもかかわらず、他人にそそのかされてその気になり、朝廷に反旗を翻した平将門。世界中が緊張感を持って見つめている「イスラム国」（ＩＳ）に、思いつきで参加しようとして警察の事情聴取を受けた日本の大学生。両者の心情は、果たして同じであったのか。

朝廷に反旗を翻した平将門の乱

この数年、世界中がハラハラしながら見つめているのが中東情勢です。中でも過激派組織「イスラム国」（ＩＳ）の問題は、国際社会にとって大きな悩みのたねです。平成26（２０１４）年、そのＩＳに参加しようとした日本の大学生が、警察の事情聴取を受けました。日本にも同組織のシンパがいるのか、と一時は騒然となりましたが、実はこの大学生は就職活動に失敗し、思いつきでＩＳに志願しただけだったようです。

歴史上にも、これといった理念や方針もなく行動を取った人がいます。

意外でしょうが、平将門《たいらのまさかど》もその一人。将門は平安中期の下総国《しもうさのくに》（現・千葉県北部）の豪族で、朝廷に反旗を翻しました。「平将門の乱」と呼ばれるこの戦《いくさ》の発端は、天慶2（９３９）年夏、常陸国《ひたちのくに》（現・茨城県の大半）の豪族・藤原玄明《ふじわらのはるあき》が将門のもとに逃げ込んで来たことに始まります。玄明は朝廷から派遣された行政長官＝国司に逆らって、納税を拒否。朝廷に納める米を奪って、人々に分け与えたために追われたのでした。

当時の朝廷は、関東の人たちに厳しい納税と労働を課していましたから、玄明は民衆の困窮を見かねて立ち上がったのでしょう。将門は悩みます。もし玄明をかくまえば、自分も朝廷への反逆者になってしまいますから。

しかし彼は玄明を保護し、国司の圧政を解くために、戦うことを決断。3倍の人数の朝廷軍を打ち破り、常陸国を奪い取ります。とはいえ、将門個人には朝廷に逆らう気持ちはありませんでした。その証拠に捕らえた国司を解放し、京都に帰しています。

政策構想の欠如が政権崩壊を導く

ところが、ここに将門を扇動する人物が登場しました。朝廷から派遣された、副長官の武蔵《むさし》権守《ごんのかみ》興世王《おきよおう》です。

彼は土着の豪族と対立するなどして、将門のもとに身を寄せていました。興世王は将門にささやきます。

「一国を奪うも、坂東九ヵ国を奪うも同じことだ」

イラスト・村上愛海

と。この言葉にそそのかされた将門は、下野、上総《かずさ》（現・千葉県中部）などを次々と攻め落とし、関東全域を支配します。そして、自らを新しい天皇「新皇」と称し、独立国家を宣言しました。ただ、そうした中でも本人は、「朝廷に弓引くつもりはない」と自己弁護を続けています。

それでも、やったことは朝敵行為――朝廷は将門に恐怖を覚え、2人の武士を討伐に向かわせました。平貞盛《さだもり》と藤原秀郷《ひでさと》（俵藤太《たわらのとうた》）です。天慶3（940）年2月14日、貞盛と秀郷の連合軍は、下総で将門と対決。連合軍2900人に対して、将門は農民を村に帰していたためにわずか400人ほど。将門は奮戦しましたが、流れ矢を受けて戦死。新政権はわずか、2カ月で崩壊してしまいました。

彼の失敗はそもそも、新国家をどのように形作るのか、という政策構想を持たなかったことにつきます。将門の首は京都の七条河原に晒《さら》され、途中でカラカラと笑いながら東国に飛び去って、数カ所に落下した、との伝説が生まれました。そのひとつが東京・大手町の首塚です。

昭和の初め、この首塚の上に政府が庁舎を新設しようとしたところ、関係者に死者が続出。太平洋戦争後、占領軍がここで工事を始めると、ブルドーザーが横転。将門の呪いとして、以来、いまも恐れられています。

「算《さん》多《おお》きは勝ち、算《さん》少《すく》なきは勝たず」

名家を潰した浅井父子の大罪

教訓

勝算なきものは玉砕する

いつの時代にも、お家騒動はあるものだが、意外と省みられていないのが、『孫子』の兵法。『孫子』は合戦のみに有効なのではなく、ものごとを判断する基本に据えるべき絶好の書で、お家騒動の駆け引きにも、無論、活用できる。すなわち、勝算の多い方が勝ち、少ない方が敗れる、という道理だ。まして勝算のない、単なる思い込みでは、勝利はおぼつかない。

勝算の欠如

平成28(2016)年、ある〝お家騒動〟が経済界を騒がせました。親会社の「セブン&アイ・ホールディングス」の会長が、子会社の「セブン―イレブン・ジャパン」の社長を辞めさせ、同社の副社長を昇格させようとした一件です。

これに創業家の名誉会長が反発して、世間の耳目を集めることとなりました。結局、会長は辞任。子会社の社長が「セブン&アイ・ホールディングス」の新社長に就任したことは、ニュースなどで、皆さんもご存知でしょう。

この椿事《ちんじ》で考えさせられたのは、親会社の会長の勝算です。彼は創業家と戦って、勝てる確信をもっていたのでしょうか。筆者には、創業家の黙認をGOサインと見誤った、もっといえば具体的な勝算の欠如が、この結果を招いたように思えてなりません。

そういえば、似たようなことが、近江(現・滋賀県)北部を領有していた戦国大名・浅井氏にも言えそうです。

この場合、創業家に置き換えられるのが、織田信長でした。彼は三河の松平元康《まつだいらもとやす》(のちの徳川家康)と同盟を結び、東の守りを固め、さらに西にも同盟者を求めて、浅井長政《ながまさ》と手を結ぶことを画策。自らの妹・お市《いち》を嫁がせて、ようやく同盟成立に漕《こ》ぎつ

イラスト・八木幸恵

けました。

京と尾張・美濃（現・岐阜県南部）を結ぶルートを確保した信長は、越前の朝倉義景を討とうとします。

算少なき計画

ところが、同盟者の長政が突然、信長に反旗を翻して、その退路を断つ挙《きょ》に出ました。

金ケ崎で信長が、配下の手勢を置きざりにして、自分一人が逃げ帰ったことで、史上には知られています。

長政は、父祖3代にわたって朝倉氏に恩義がある、と言いつつ、ここで信長を討てば、自らが信長に取ってかわれると考えました。父・久政はもとからの信長嫌い。今なら織田家を滅ぼせる、と思い立ったのでしょうが、久政—長政父子には、確たる勝利の計算ができていたのでしょうか。

少なくも、組むべき朝倉氏の緩慢さ、逆に裏切ろうとする信長の素早さを、詳細に検討していなかったように思われてなりません。戦国最強の武田信玄も味方だ、とのイメージの思いつき、具体的根拠に乏しい〝算少《さんすく》なき〟計画であったならば、長政はこの決断をするべきではなかったかと思います。

元亀4（1573）年4月、頼りの信玄が急死し、一方で再起した信長は、浅井・朝倉両家を滅ぼすつもりで出陣。8月、浅井氏救援のために駆けつけた朝倉義景の軍勢を、二つまとめて徳川家康と、連合軍で撃退。信長はそのまま、越前へ乱入。義景はついに、自刃して果てました（享年41）。

残る浅井氏——同月26日、信長は越前から近江虎御前山へと転戦、小谷城を包囲します。彼は、長政のいる本郭と父・久政の守る郭との間＝「京極郭」をまず占拠し、父子の連絡を遮断しました。翌27日、追いつめられた久政は自害。長政は妻と娘3人（のちの淀殿、京極高次室、徳川秀忠室）を信長の許に送り届け、28日に自刃して果てました。享年29。逃がした長政の嫡男・万福丸《まんぷくまる》も、まもなく発見されて信長に殺され、浅井氏はここに滅亡したのでした。

第2章

成功の日本史

他人をその気にさせて成功
準備万端で成功
真実を見極める目で成功
チャンスを利用して成功
民心は昔も今も変わらない
踊るように絡み合う人と時代

失敗と成功の
日本史

権威を使っての名誉ある撤退

オバマ大統領は現代の細川幽斎か？

教訓

目的達成のためには使えるものは、なんでも使え

深刻化するシリア情勢には、米国とロシアの政治的駆け引きが見え隠れしている。シリアと関係の深いロシアは、米軍に敵対する格好で地中海に軍隊を派遣し、オバマ大統領は窮地に追い込まれた。戦国時代、絶体絶命のピンチに陥った細川幽斎が乗り切った方法がヒントになる?!

策士は絶対絶命のピンチをも乗り切る

深刻化するシリア情勢には、米国とロシアという2つの大国の、政治的駆け引きが見え隠れしています。この駆け引きが、最初に注目を浴びたのが平成25（2013）年。シリア内戦で政府軍が化学兵器を使ったとして、ときの米国のオバマ大統領はシリア空爆を宣言し、同盟国に協力を要請しました。

ところが英国議会は、攻撃への参加を否決。米国議会と米国民にもノーをつきつけられて、オバマ大統領は四面楚歌に陥りました。

さらに、ロシアまで登場して事態が深刻化します。シリアと関係の深いロシアは、米軍に敵対する格好で、地中海に軍隊を派遣したのでした。まさに、一触即発の危機。オバマ大統領は、引くに引けない事態に追い込まれてしまいます。

戦国時代にも、似たような窮地に陥った人がいました。細川幽斎《ゆうさい》（諱《いみな》は藤孝《ふじたか》）です。

慶長5（1600）年の関ヶ原の合戦で、幽斎は徳川家康率いる東軍の勝利を確信し、わが子忠興《ただおき》に軍勢のほとんどを預けて出陣させました。その幽斎の留守を預かる丹後・田辺城に、西軍の石田三成は「われらに味方せよ」と迫ります。幽斎はわずかな手勢とともに籠城しますが、三成の軍勢は1万5000です。絶体絶命のピンチ――。

イラスト・荒木智美

降伏開城か玉砕か——ところが幽斎は、この難局を乗り切ったのです。どのような手を使ったのか。実は事前に、朝廷に働きかけをしていたのです。

朝廷の権威を使って名誉ある撤退

幽斎は有職故実や学問に通じ、朝廷から厚い信頼を得ていました。

正親町《おおぎまち》天皇（第106代）の孫にあたる智仁《ともひと》親王に、「古今集」の講釈をしたこともあるくらいです。

彼は智仁親王に、それとなく自身のピンチを知らせておきました。

師匠の危機を知った親王は、三成方と幽斎に和睦を勧めます。しかし、すぐに和睦してしまっては、出陣している息子に顔むけができません。幽斎は命を惜しんだ、と思われるかも。そこで幽斎は、２度にわたる和睦勧告を拒否。すると最後には、後陽成《ごようぜい》天皇（第１０７代）が幽斎に使者をつかわして、説得に乗り出してきました。

なぜ、このような武家の争いに天皇が出てきたのか。幽斎が死んでしまったら、〝古《こ》今伝授《きんでんじゅ》〟を始め、学問、伝統芸術の秘伝が消滅してしまうことを恐れたからです。

天皇の要請とあっては、幽斎も断れません。彼は西軍に捕らわれることもなく、堂々と城を出ることができました。朝廷工作によって、名誉ある撤退を演じられたわけです。三成は「やられた」と、心底、悔しがったことでしょう。

さて、シリアの話の続きです。平成25（２０１３）年9月上旬に、米国のケリー国務長官が「化学兵器を破棄すれば攻撃を回避する」と譲歩し、ロシアのラブロフ外務大臣がシリアに化学兵器の破棄を提案。これをシリアのアサド政権が受け入れ、とりあえず平和的に解決することになりました。

八方塞がりのオバマ大統領は、ロシアの妥協のおかげで、辛うじて面子《メンツ》を保つことができたのです。ただ、シリアの戦闘はいまだにつづき、事態は混迷を深めています。

戦国武将の幽斎は、朝廷が動くことを計算して行動しました。もしかしたらオバマ大統領も、意図的にケリー国務長官に譲歩発言をさせたのかもしれませんね。

感情的にならず、論点のすりかえに注意する

安倍首相も顔負け北条政子のすりかえ術

教訓

情報は多方面から集めて判断せよ

日本人は論点のすりかえに、鈍感なようだ。北条政子は「鎌倉幕府が大ピンチ」と御家人たちに訴えて、朝廷の北条攻めを、幕府の戦いにこっそりとりかえた。政子の弁舌には、安倍首相を思わせるものがある。たくみな弁舌で国民を煙に巻き、国民の危機感をあおって、安全保障関連法を可決させせたのだから。

尼将軍政子の最大の窮地

北条政子は「尼将軍」とも、後世に呼ばれました。彼女は平家方の北条氏の家系に生まれながら、伊豆に流されてきた源頼朝と電撃的に結婚。鎌倉幕府を樹立させ、頼朝の死後も、幕府の中心人物として政治に参画しつづけました。

その政子も含め、北条氏が最大の窮地に陥ったのが、承久3（1221）年の「承久の乱」です。頼朝が存命のころ、幕府は朝廷と妥協しつつ、関東武士団を統率していました。しかし頼朝が死去すると、幕府は御家人の集団統治体制に移行。とりわけ政子の父・北条時政以来、北条氏の力が強くなり、朝廷を蔑《ないがし》ろにするようになりました。

これに不満をつのらせたのが、後鳥羽上皇（第82代天皇）です。寵愛する女性に与えた荘園から、幕府の地頭を排除するように要求したものの、2代執権の北条義時（政子の弟）はこれを拒否。幕府への恨みはついに、「義時を討て」との院宣《いんせん》を発することになったのです。呼びかけに応じた武士の数は、1万~3万といわれています。

事態を知った幕府の御家人は、パニックに陥りました。なにしろ、朝廷に弓を引けば、〝国賊〟となってしまいます。どうしたらいいのか……。

イラスト・澤田有美子

論点のすりかえに気づきにくい日本人

ここで政子が立ち上がり、御家人たちに次のように訴えました。

「みなの者、心を一つにして聞いて欲しい。これは私の最期の言葉です。頼朝様が関東に武士の政権をつくってから、みなは官位が上がり収入も増えました。頼朝様の恩は山よりも高く、海よりも深いのです。しかし今、その恩を忘れて天皇や上皇をだまし、私たちを滅ぼそうとする者が現れました。名を惜しむ者は、藤原秀康と三浦胤義《たねよし》（共に朝廷方）を討ち取って、頼朝様へのご恩に報いてほしい」

これが政子の有名な、〝すりかえ〟です。後鳥羽上皇の院宣は、「義時を追討せよ」であり、「鎌倉幕府を倒せ」ではありませんでした。上皇は「義時さえいなくなれば、北条氏さえ除けば、幕府は自分の思うようになる。」と考えていたのです。

ところが政子は、「鎌倉幕府の大ピンチ」と御家人に訴え、幕府の戦いに仕立て上げました。しかも敵は朝廷ではなく、藤原、三浦ら〝君側《くんそく》の奸《かん》〟であると主張したため、御家人たちは「幕府を守るぞ！」と、立ち上がったのでした。

その数、実に19万騎でした（『吾妻鏡』）。この軍勢が京都を目指して進撃し、宇治川の合戦で勝利を決めます。かくして、後鳥羽上皇は隠岐（現・島根県隠岐諸島）に流され、幕府は京都守護に代わって六波羅探題《ろくはらたんだい》を設け、朝廷を監視するようになりました。

政子の弁舌には、長期政権を維持する安倍晋三首相を思わせるものがあります。

首相は中国や韓国が、わが国を挑発してくる情勢を利用して、国民に危機感をあおり、平成27（2015）年、安全保障関連法を可決させせました。集団的自衛権の行使に固執してのことでしたが、そもそも在外邦人の保護は、現在の個別的自衛権で対処できるはずです。それなのに、たくみな弁舌で国民を煙に巻いてしまったのです。

いつの時代も日本人は、論点のすりかえに気づきにくい、つまり鈍感な人が多いようですね。

徳川家斉は55人の子福者《こふくしゃ》だった

勢力拡大のために権力者は子だくさんを望む

教訓

子は鎹《かすがい》すべての間をつなぎとめる

有力者にとって子供を増やすことは、勢力拡大につながる大きな武器。江戸幕府11代将軍・徳川家斉は、男児を養子、女児を嫁として大名家に送り込み、徳川家の基盤強化に努めた。一方、日本人実業家がタイの女性に代理出産させたニュースが先頃あったが、この場合、いったい何が目的だったのであろうか。

徳川家斉は55人の父親だった

数年前、海外から風変りなニュースが伝わってきました。日本人実業家が、タイの女性たちに代理出産をさせていたことが、明らかとなったのです。

問題はその数でした。産ませた子供は計16人とも報じられています。この実業家は、毎年10人ずつ子供を産ませたい、と語ったそうですが、その目的は何であったのか、皆目、不明です。

歴史の世界にも、子だくさんの人は数多く存在しました。〝横綱〟は、江戸幕府11代将軍の徳川家斉《いえなり》でしょう。

69年の生涯で40人もの正室と側室を持ち、なんと計55人の子供を産ませた

イラスト・佐藤尚美

記録保持者です。男児28人、女児27人でした。

いまも昔も、有力者にとって子供を産み増やすことは、それ自体、大きな武器でもありました。勢力拡大に使える、と考えたからです。

将軍家斉は、男児を大名家の養子として次期大名に、女児は大名家に嫁として送り込み、各々、徳川家の基盤強化に努めました。

同じようは発想で、子供を増やしたのが本願寺第8世法主の蓮如《れんにょ》でしょう。彼は精力絶倫で知られ、28歳から85歳までの間に27人の子をもうけています(男児13人、女児14人)。子を産んだ女性は計5人で、こちらはいずれも正夫人でした。蓮如は男児には力のある寺院を運営させ、女児はあちこちの寺に嫁がせました。宗門には蓮如に反抗的な寺もあり、蓮如は政略結婚によってそれらを懐柔していったのです。

子だくさんで力を誇示

言うなれば血縁政策——これによって浄土真宗は結束を強め、勢力を拡大しました。
蓮如亡きあとも、宗門は血縁政策を伝統として受けつぎ、皇室との縁組まで成し遂げています。皇室といえば、天皇家にも子宝に恵まれた帝がいました。第52代の嵯峨天皇で、57年の生涯で皇子・皇女を50人もうけた、と伝えられています。

帝は50人のうち、32人の親王・内親王に「源」の姓を与えて、臣籍に降下させました。これが源頼朝で知られる「源氏《げんじ》」の始まりです。念のためにいいますと、源という姓は「源《みなもと》を天皇と同じうする」の意味になります。天皇家の血を引いている証が、名字であったわけです。嵯峨天皇のあとも、歴代天皇の多くが親王たちを源氏に降下させました。たとえば、第56代清和《せいわ》天皇の系統は清和源氏。頼朝はこの源氏の系統です。こうして源氏の勢力は朝廷の内外に広がり、平家をしのぐ一大勢力となりました。

平家は第50代の桓武《かんむ》天皇の孫が、臣籍降下するときに与えられたのが始まりで、数では遠く源氏には及びません。ちなみに、平という姓は「平安京」にちなんだものだといわれています。ついでながら、源氏の初代長者は、源信《みなもとのまこと》かと思われます。彼は嵯峨天皇の皇子=親王の中で最年長であり、当時の源氏の内部で最も高い官位に昇りました。天長8(831)年に参議従三位に任ぜられ、弟の源融《とおる》は中納言から左大臣までの栄達を遂げています。

このように、有力者にとって子だくさんは、自らの力の現れでありました。現代にも数はともかく、政略結婚の伝統は息づいています。

すでに騒ぎは沈静化しましたが、それにしてもタイでたくさんの子供を代理出産させた実業家は、何が目的だったのでしょうか……。

怒りの感情は人生をプラスにもマイナスにもする

怒りを原動力に本懐遂げた赤穂浪士

教訓

感情をコントロールできれば困難に打ち勝てる

怒りを持続して成功に導いたケースもあれば、失敗することもある。赤穂浪士は主君・浅野内匠頭長矩の仇討ちのために、吉良邸を襲撃し、吉良上野介義央の首をあげた。一方、ノーベル賞に輝いた偉大な開発の原動力が、上司の嫌味というエピソードもある。いずれも興味深い。

ノーベル賞受賞は怒りが原動力

日本には優れた科学者が、多数存在します。毎年のように、ノーベル賞を受賞して、われわれ日本人に自信と誇りを与えてくれています。

そうした中で、ユニークな会見をしたのが、米カリフォルニア大学教授の中村修二氏でした。彼は記者会見で、なんと「怒りで震えました」と語ったのです。勤めていた会社で研究をしていたとき、上司が自分を見るたびに、まだ辞めてないのか、と聞いてきたために、怒りを覚え、それが開発の原動力になった、ということでした。

怒りや憎しみは、マイナスのエネル

イラスト・阿部美緒

ギーと考えられますが、ときに偉業をなしえる起爆剤ともなりました。たとえば、赤穂浪士です。元禄14（１７０１）年3月、江戸城松の廊下で播州赤穂藩（現・兵庫県赤穂市）の藩主・浅野内匠頭《たくみのかみ》長矩《ながのり》が、高家《こうけ》筆頭の吉良上野介義央《よしひさ》に切りつけて、切腹させられました。浅野家は改易、家臣の一部は翌元禄15年12月、吉良邸を襲撃し、上野介の首をあげました。のちに、〝忠臣蔵〟の物語となったのは周知の通りです。

長矩が切腹した直後、赤穂藩士たちは「仇の吉良を討つ」といきり立ちます。ときの筆頭家老・大石内蔵助良雄《よしたか》は、彼らに「あなた様に命を預けます」との誓紙（神文）を書かせました。誓紙を差し出した者は１２０人、「吉良憎し」で燃える人々でした。

その一方で内蔵助は、長矩の弟・大学を押し立てて浅野家を再興する道も探ります。その内蔵助に、江戸の堀部安兵衛ら急進派は、「１日も早く亡君の恨みを晴らしたい」と要求してきました。内蔵助は彼らをなだめながら、和戦の両面作戦を取ったのです。

感情のコントロールで成功を導く

ところが元禄15（１７０２）年7月、幕府の裁定が下り、大学は広島藩にお預けとなりました。これでお家再興の道が絶たれたわけです。

内蔵助は討ち入りを決意、ここで彼は興味深い行動に出ます。江戸時代に陸奥平藩

（現・福島県いわき市）の鍋田晶山《なべたしょうざん》が書いた『江赤見聞記《こうせきけんもんき》』によれば、先の120人の元に使者を遣わして、誓紙を一旦返し、「討ち入りは中止になった」と使者にウソをつかせたのです。旧臣たちの覚悟を、確かめるためでした。話を聞いた旧臣の一部は怒って誓紙を突き返しましたが、黙って受け取る者もいました。後者は討ち入りの気力を失った者たちで、その数は70人以上。なんと、半分以上が脱落したのです。

しかし、この方法によって内蔵助は、怒りが冷めていない者たちを確保することができました。討ち入りの参加希望者は、全部で47人。内蔵助は家臣の怒りを見極め、結束を固めることで、大事を成し遂げたのです。

もっとも、歴史上には怒りに目が眩んで、大事を失敗するケースも数多くありました。そのひとつが、〝忠臣蔵〟の発端となった長矩の刃傷事件でしょう。

長矩には癇癪《かんしゃく》もちだったとの説があり、刃傷を一種の発作とみることもできますが、吉良の不注意なセリフにカチンときて、刃傷に及んだのが真相のように思われます。

そのため筆者は、浅野内匠頭を一時の激情で多数の家臣、その家族を路頭に迷わせた、最悪のリーダー、リーダー失格者だと述べてきました。

つまり、怒りを持続して成功に導いたケースもあれば、その逆に失敗することも。人間は自らの感情を、冷静にコントロールする術《すべ》を覚えなければなりません。

「ヨイショ」と煽《おだ》てる教育

吉田松陰が殺されなかったら幕末はどうなった？

教訓

人は褒めて伸ばしベストを尽くさせる

吉田松陰は身分に関係なく、門弟を受け入れた。そこで指導に用いたのが、「ヨイショ」。高杉晋作には「10年後には必ず大成する」と持ち上げ、おっちょこちょいな伊藤博文さえも、「君の交渉能力はピカ一だ」と褒めた。もし松陰が米国に渡航できていたら、歴史は大きく変わっていたに違いない。

吉田松陰のリーダー育成法

いつの時代でも文化や政治、経済をけん引するリーダーの存在は、重要です。しかし、そうしたリーダーを育成するのは、言葉でいうほどたやすいことではありません。

この面において、近代日本で卓越した業績を残した人物がいます。幕末の思想家で、教育者の吉田松陰です。

平成27（2015）年のNHK大河ドラマ『花燃ゆ』は、松陰《しょういん》の妹・杉《すぎ》文《ふみ》を通して、長州藩（現・山口県北西部）の若者と動乱の時代を描いた作品でしたが、前半は松陰が物語の中心。彼は、先見の明のある人物でした。

イラスト・大内 結

たとえば、嘉永6（1853）年のペリー来航――4隻の黒船が江戸湾に入り、祝砲を撃って市民を怯えさせましたが、徳川幕府はこの1年前、長崎奉行所の情報で、米国の特使が来航することを知っていました。ところが松陰は、すでに嘉永3年の時点で、黒船の来航を予測していたのです。長崎・平戸に遊学して、清国の軍事史家・魏源《ぎげん》が著した『聖武記《せいぶき》』を読み、黒船が「ペクサンス」（正しくは「ペグサン砲」）という最新兵器＝炸裂しながら飛んでくる砲弾を搭載して、音もなく江戸湾内に入ってくる姿を、思い描いていたのでした。

翌嘉永7年、松陰は2度目の来航を果たしたペリーの船に、乗り込んで米国に渡ろうと企てます。が、乗船をペリーに断わられ、密航未遂を幕府に知られて、国許での謹慎処分を受けました。このあと彼が主宰した私塾が、「松下村塾」です。

長所を伸ばして成長させる

松陰は身分に関係なく、門弟を受け入れました。その際、指導に用いたのが「ヨイショ」。門弟たちを、煽《おだ》てて褒めることで長所を伸ばしたのです。

のちに、萩の乱の首謀者になる前原一誠《まえばらいっせい》を「勇あり、智あり、誠実人《ひと》にすぎる」と称え、高杉晋作には「おまえは陽頑《ようがん》（頑固さが表に出る）だが、10年後には必ず大成する」と持ち上げました。おっちょこちょいな性格の伊藤俊輔（のちの博文）さえも、「周旋家の才がある」、つまり交渉能力がピカ一だと褒めたのです。松陰が松下村塾を主宰したのは、二年にも満《み》たない短い期間でした。

日本の未来を憂え、幕府の政策を批判した松陰は、安政6（1859）年、江戸小伝馬町で斬首に処せられてしまいます。大老・井伊直弼《いいなおすけ》による〝安政の大獄〟でした。松陰が死に際して、「人間には四時《しじ》（四季）がある」と述べたことは有名です。

「自分は三十歳で処刑される。世の人は三十で死ぬのはかわいそうだと思うかもしれない。しかし、三十には三十の四季がある。六十生きた者には、六十の四季がある。春夏秋冬とめぐってくる季節は同じだ。この四季をめぐってきた生き方に、自分は満足している。もしそれをかわいそうだと思ってくれるなら、皆さんがベストを尽くしてくれ」

松陰の人柄を偲ばせる内容でした。

ここで歴史の「ｉｆ」を。もし彼が米国に渡航できていたら、明治維新の長州藩の立場は違ったものになっていたかもしれませんね。高杉ら門弟は松陰を殺されたことを恨んで、討幕のために戦いました。松陰が健在であれば、恨みによるエネルギーは発生せず、長州は幕府追随となり、幕府に牙をむくのは薩摩だけ、という事態も考えられます。そうなれば、歴史が大きく変わった可能性もあるわけです。

北風ではなく太陽こそ
懐柔策で天下を取った豊臣秀吉

教訓

人を責めるときは追い込んではならない

歴史上で懐柔策に長けた人物といえば、豊臣秀吉。数々の場面で「仁慈《じんじ》」（いつくしみ恵む）と「寛容」を示し、大きな見返りを得ている。一方で幕末の英雄・坂本龍馬は、人と議論するのを嫌い、議論は相手の名誉を奪うだけだと断じていた。相手に逃げ道を残してやらなければ、恨みが残るだけだというのだ。このことは、現代人も参考にすべきである。

秀吉が懐柔策で得た「仁慈」と「寛容」

フランスのパリといえば、だれもが憧れる観光地のメッカ。芸術の都でもあります。しかしこの数年、過激派組織「イスラム国」（IS）のテロによって、パリの安全が脅かされています。米国を中心とした国連は、ISの壊滅を目指して地上戦を展開しています。が、この組織には世界中から志願者が集っており、武力で全滅させるのは、なかなか至難のわざです。こうした場合はむしろ、相手の心を摑み、信頼関係を築くのが得策かもしれません。北風ではなく、太陽というわけです。

歴史上でこうした太陽政策＝懐柔策に長けた人物といえば、豊臣秀吉でしょう。たとえば、天正6（1578）年の播州（現・兵庫県南西部）の三木《みき》城攻め。秀吉は敵城にこもる別所長治《べつしよながはる》の家臣・中村忠滋《ただしげ》を籠絡して、城内から手引きをするよう要請。忠滋はこれを受諾。ところが秀吉が兵を城内に入れると、忠滋は一人残らず討ち取ってしまいました。騙《だま》された秀吉は激怒し、人質として預かった忠滋の娘を磔《はりつけ》にしました。さらに三木城が落ちると、忠滋を火あぶりにせよ、と命令します。しかし――。

「見方を変えれば、自分の娘を犠牲にしてまでも、主君に忠義を尽くそうとしたのだ。その忠臣を、一時の感情で殺していいものか」

イラスト・仲保絵梨伽

秀吉は忠滋を許したうえに、3千石を与えました。忠滋は感激して、秀吉への心からの忠誠を誓いました。この話が広まり、現地では秀吉が「仁慈」と「寛容」を示す人物と知られ、彼は大きな見返りを得たわけです。

責めすぎない、追い込まない

——秀吉にはこんな話もあります。

天正15（1587）年の九州征伐で島津勢と戦ったおり、敵方の大隈城主・秋月種長《あきづきたねなが》が降伏を申し入れてきました。切腹を覚悟した種長を、秀吉は手招きして言います。

「秋月家には名器・楢柴《ならしば》の茶入れがあるそうだが、見せてくれぬか」

秋月はこれを聞いて、秀吉が自分を殺す気がないことを悟り、ホッとしました。秀吉は茶入れを受け取って、こう言います。

「そなたの家臣たちが、そなたの安否《あんぴ》を気遣っておるだろう。早々に立ち帰って、安心させてやるがよい」

この言葉が端緒となって、敵方の諸城は次々と秀吉に降ったのでした。

最後まで抵抗していた島津義久が、頭を丸めて降伏したときも秀吉は、

「潔く降伏したことは殊勝である。命は助ける」

と許し、腰の刀を義久に差し出しています。

義久がその気になれば、秀吉を一刺しできる場面でした。しかし秀吉は、義久の人柄を読み取っていたのです。こうして義久は刀を拝領し、秀吉に臣従したのでした。

そういえば幕末の英傑・坂本龍馬は、人と議論するのを嫌い、議論は相手の名誉を奪うだけだと断じています。これは江戸時代後期の儒学者・佐藤一斎《いっさい》の教えにもあります。

「人を責めるときは二、三分を残すようにし、追い込んではならない」

相手に逃げ道を残してやらなければ、恨みだけが残るというのです。われわれ現代人も大いに参考にすべきでしょう。

常に大きなものは理不尽である

アテルイvs坂上田村麻呂の戦いに見る国家権力の非情

教訓

国家権力は常に非情と知るべし

沖縄の基地問題をめぐって、国と県の間で訴訟が持ち上がり、さらには国は機動隊を派遣して、反対派の人々を力ずくで排除。これからも、激しい攻防がつづきそうだ。国家と地方の対立で思い浮かべるのが、平安時代の朝廷と蝦夷の戦いである。桓武天皇は蝦夷を平定して、一世風靡を目論んだのだが……。

蝦夷を平定せよ

沖縄の基地問題が、揉め続けています。

国と県の間で訴訟まで持ち上がり、和解のきざしは一向に見えません。それどころか国は、機動隊を派遣して、反対派の人々を力ずくで排除。機動隊員の暴言も、世上、大いに物議をかもしました。これからも、激しい攻防がつづきそうです。

この「国家」対「地方」の争いで思い浮かべるのが、平安時代の東北にいた蝦夷《えみし》と、朝廷の戦いでした。蝦夷とは関東以北の地域に住み、朝廷の支配に服属しない人々の総称です。この呼称には多分に、平安貴族たちの侮蔑＝未開人との意味合いも込められていました。それでも蝦夷の人々は、東北の地で平和に暮らしていたのです。

その蝦夷を「まつろわぬ民」と見て、武力で征服しようとしたのが、天応元（781）年に即位した桓武《かんむ》天皇（第50代）でした。桓武帝は長らく不遇をかこっていたため、蝦夷を平定して、自らが一世を風靡《ふうび》したい、と考えていたようです。

帝は東北に、20年間で3度にわたって大軍を送り込みました。しかし、一度も勝利することができません。なぜなら、敵軍にはアテルイ（阿弖流爲）という優れたリーダーがいたからです。もともと蝦夷は、縄文人の流れをくむ人々でした。狩猟を主体とする

イラスト・若生圭汰

彼らは弓矢が得意で、その技術を軍事に使って、朝廷軍を圧倒したのです。当時の東北地方は馬の名産地でもあり、軍馬に恵まれたことも大きかったかもしれません。

延暦12（793）年、桓武帝は苦境を打破する切り札として、ある人物を征夷副使（副将軍）として現地に派遣しました。坂上《さかのうえの》田村麻呂《たむらまろ》です。

「戦わずして勝つ」を実践した田村麻呂

田村麻呂は実戦経験のない人でしたが、彼が属する坂上家は渡来系のため、『孫子《そんし》』『呉子《ごし》』『六韜《りくとう》』『三略《さんりゃく》』といった中国の兵法に精通していました。当時、これらの学問に通じていた者は、朝廷にはほとんどいませんでしたから、そういう意味で彼は軍略のエキスパートと呼べる存在でした。田村麻呂はどう戦ったか。彼は『孫子』の「戦わずして勝つ」を実践しました。武具よりも鋤《すき》や鍬《くわ》を重視し、多数の入植者を引き連れて荒地を耕し、蝦夷と対峙《たいじ》したのです。

それ以前の征討軍は好戦的でしたが、田村麻呂はいっこうに戦いを仕掛けていきません。こうした動きを見ているうちに、蝦夷の中には田村麻呂たちが何をしているのか、と興味を抱く部族の長も出、誼《よしみ》を通じてくる者まで出てきました。田村麻呂はそうした部族には、農耕の技術を積極的に教えるなどして、巧みに懐柔したのです。この働きかけによって、蝦夷の連合体は内部から分裂、崩壊することとなりました。

延暦21（802）年、アテルイと副将のモレ（母禮）は500人の兵とともに降伏を宣言し、2人は京都に護送されました。田村麻呂はアテルイたちの助命を嘆願しましたが、貴族たちは蝦夷を蛮族と蔑視。桓武帝はアテルイとモレを処刑してしまいました。

わずかの手勢を率いたアテルイは、律令国家という強大な権力を長年にわたって翻弄《ほんろう》し、最期は田村麻呂を信じて投降しながら、命を奪われてしまいました。

国家権力の非情さを思わせる話です。その非情さは果して、現代にも受け継がれているのでしょうか。読者の皆さんは、どう解釈されますか。

本名？　偽名？　昔は公に名前を変えていた

初代の早雲は「伊勢氏」
他姓を名乗った北条氏

教訓

虚偽と誇張はしてはならぬ

歴史上の人物は当たり前のように、姓名を変えた。徳川家康は姓を松平―徳川。名を竹千代―元康―家康に。豊臣秀吉は姓を木下―羽柴―豊臣とした。一方、「北条」を名乗って、鎌倉幕府執権の北条氏の子孫だと思い込ませて存続した家系もあった。偽名を使って、あえなく失職してしまったタレントとは、雲泥の差だ。

歴史上、改名は公に行われていた

推理小説や探偵映画では、登場人物が他人になりすましていた、という落ちがよく出てきます。同じようなことが平成28（2016）年、テレビの世界でもありました。報道番組のキャスターに決まった人物が、経歴を詐称し、それが発覚しました。輝かしい学歴が虚偽と誇張であることが、暴露されてしまったのです。また、その人物は日系二世などではなく、純然たる日本人であることも、本人は認めました。

しかし、日本史の世界では、当たり前のように、人は姓名を変えています。徳川家康は、幼名の竹千代が元服して元康―家康に。姓は松平から徳川へ。豊臣秀吉は木下姓から羽柴姓となり、最後は豊臣姓となりました。

そうかと思えば、北条早雲のような例もあります。伊豆、相模（現・神奈川県の大半）を攻略し、戦国時代の火蓋《ひぶた》を切ったことで有名な人物ですが、彼はそもそも「北条」姓ではありませんでした。室町幕府政所《まんどころ》執事・伊勢氏の一族で、実名は伊勢新九《しんく》郎《ろう》。その伊勢氏が北条を名乗ったいきさつの前に、彼の足跡をたどってみましょう。

伊勢新九郎はもとは8代将軍足利義政《よしまさ》の弟・義視《よしみ》に仕えていましたが、応仁2（1468）年、義視のもとを離れ、自分の妹（異説もあります）が駿河の守護今川義忠《よしただ》の妻

イラスト・樫田真実

になっている縁で、ここに腰を落ち着けます。その後、義忠が一揆で討ち死にすると、今川家中は大混乱。

新九郎はこの混乱に乗じて、妹の子で自分の甥にあたる龍王丸《たつおうまる》（のちの氏《うじ》親《ちか》）を元服させ、その功績で城を一つ預かりました。

名前で明暗が分かれる

延徳3（１４９１）年、堀越《ほりこし》公方の足利政知《まさとも》が死去し、長子の茶々丸《ちゃちゃまる》が跡を継ぐと、継母と弟を殺す事件を引き起こしました。

すると新九郎は、家督を嫡男・氏綱に譲って、隠居を宣言。温泉で療養すると見せかけて敵状を祝祭、相手の警護が手薄なのを知るや、堀越御所を攻撃。茶々丸を、自害に追いやりました。こうして、伊豆を奪ったのです。

次の標的は小田原でした。明応3（1494）年8月、小田原城主・大森氏頼《うじより》が没すると、新九郎はその後継者・藤頼《ふじより》に贈り物をして油断させます。そのうえで小田原城を奇襲。城を乗っ取ったのです。

新九郎はその後、早雲庵宗瑞《そうずい》を名乗り、永正16（1519）年に没しました。享年88。実は早雲が存命中、「伊勢」の姓を改めた史実はありません。後継者の氏綱《うじつな》が、大永4（1524）年頃に「北条」と改姓したのです（時期は諸説あります）。

この「北条」は、源頼朝の妻・北条政子の一族を連想させますが、かつて伊豆韮山（現・静岡県伊豆の国市）の領主であった北条氏の名をもらったものでした。

氏綱は関東管領の上杉家を牽制し、武蔵（現・東京都、と埼玉県と神奈川県東部）進出の正当性を示すために、「北条」を名乗ったのです。

実際、人々は鎌倉幕府執権の北条家に連なる家系だ、と思い込んだのでしょう。この名字のおかげもあり、北条氏は天正18（1590）年に豊臣秀吉に滅ぼされるまで約100年、存続しました。あえなく失職したキャスターとは、明暗をわけたようです。北条家はネーミングによるイメージ戦略に成功して、繁栄を遂げたとも言えそうですね。

政権の維持か？　民の命か？

現政権に見習って欲しい松平定信の領民救済

教訓

政治家がもっとも考えるべきは国民の生活である

江戸時代で最大の飢饉といえば、天明の大飢饉。津軽弘前藩は目先の利益のために領民を見殺しにし、白河藩は命を第一と考えた。東日本大震災でもっとも深刻な問題は原発事故だが、いまだに家へ帰れない住民も少なくない。民主主義の世になっても、政治家は民衆を軽視してはいないか。

藩政の不手際で悲劇に拍車

江戸時代で最大の飢饉《ききん》といえば、「天明の大飢饉」です。
天明2（1782）年の悪天候と冷害に加えて、翌天明3年には浅間山が噴火。各地に火山灰が降ったうえに、灰によって日照量が低下し、農作物が凶作となりました。餓死者が相次ぎ、全国でおよそ92万人が死亡したとされています。

とくに東北地方は被害が大きく、なかでも津軽弘前藩（現・青森県津軽地方）は天明3年9月からの、わずか9ヵ月間で、8万1702人の餓死者を出した、と記録にあります。もし事実なら、藩の人口の3分の1を失ったことになります。

この悲劇に拍車をかけたのが、藩政の不手際でした。飢饉で米が値上がりしたこともあって、藩は天明2年に江戸と大坂に合わせて40万俵、加賀（現・石川県南部）に3万俵など、計50万俵以上の米を出荷。さらに天明3年には、農民に小売りする分まで買い上げ、江戸・大坂に計40万俵を送ってしまったのです。目先の利益につられたのでしょう。そのため領内は、絶望的な米不足に陥りました。米を満載した船が出ていくのを、飢えた農民たちはどのような目で見送ったのでしょうか。

津軽弘前藩の失政と正反対だったのが、白河藩（現・福島県白河市）でした。藩主は

イラスト・加藤玲奈

松平定信《さだのぶ》、のちに幕府老中首座として「寛政の改革」を断行します。

民衆を軽視する政治

飢饉が起きるや藩主定信は、近隣の藩などから米を買い取りました。

会津藩から6000俵、飛び領の柏崎（現・新潟県柏崎市）から1万俵を購入。さらに大坂では、尾張と美濃の米2000俵を、江戸では雑穀を買い集めて国許に送りました。

このほか、藩内の裕福な商人に米を供出するよう要請。協力した商家には、この家はどれだけの米を提供してくれた、と表彰する木札を与え、家の前に飾ることを許しました。こうした定信の機敏な動きによって、白河藩では餓死者を出さなかった、と伝えられています。

津軽弘前藩は目先の利益のために領民を見殺しにし、白河藩は領民の命が第一と考えたのです。松平定信は「寛政の改革」の失敗で、今日、辛口の評価を受けていますが、白河藩においては最善を尽くした名君といえるでしょう。

現代の日本はどうでしょうか。平成23（2011）年3月の東日本大震災では、津波で約1万6000人もの死者が出ました。防潮堤や避難場所などの施設が不十分なうえに、津波への警戒心が薄かったことが、被害を拡大させた、といっても過言ではありません。が、それ以上に深刻なのが原発事故です。

あれから何年も経っているのに、福島第1原発周辺の住民には、いまだに自分の家に帰れない人たちがたくさんいます。また、汚染水問題も完全には解決していません。政治が原発の危険性を無視しつづけた結果です。総理大臣は「汚染水は完全にブロックしている」と発言して東京五輪を招致しましたが、あの発言は信じていいのでしょうか。世界に放った〝方便〟だったのではないか、との疑いの目も消えません。いつの日にか歴史が、すべてのことを検証するでしょう。

民主主義の世でも、政治家は民衆を軽視することがあります。少しは松平定信を、見習って欲しいものですね。

桶狭間、忠臣蔵、真珠湾、３億円事件の共通項?!

〝いまも日本人を魅了する〝完璧な成功〟

教訓

ロマンを感じさせる作為は後世に語り継がれる

忠臣蔵や三億円事件の話が、いまも人々を引き付ける理由は〝完璧な成功〟ではないか。織田信長の桶狭間の奇襲戦も同じ。さらに、日本人が真珠湾攻撃の話が好きなのも、弱者が強者を奇襲で負かす完璧さゆえと考えられる。われわれ日本人は、完璧さにこだわる民族といえそうだ。

〝完璧な成功〟で魅了させた〝忠臣蔵〟

日本の仇討ち話で有名なのが、「曾我兄弟」と荒木又右衛門の「鍵屋の辻の決闘」、そして〝忠臣蔵〟です。この3つのなかでも、〝忠臣蔵〟を知らない日本人はいないのではないでしょうか。

元禄14（1701）年3月、浅野《あさの》内匠頭《たくみのかみ》長矩《ながのり》が江戸城松の廊下で吉良《きら》上野介《こうずけのすけ》義央《よしひさ》に斬りつけたことで、内匠頭は切腹させられ、翌元禄15年12月、家来の46人が上野介を討ち取った実話です。この話はなぜ、いまも日本人を引き付けるのでしょうか。理由のひとつが、〝完璧な成功〟です。大石内蔵助率いる赤穂浪士は総勢47人。使者として戦線を離脱した寺坂吉右衛門を除く46人が、広大な吉良邸に討ち入り、見事に上野介の首級《しるし》を上げました。吉良方は16人の死者を出しながら、浪士は一人も死んでいません。

綿密な計画のもと、少数が多勢を打ち負かした。しかも全員が生き残り、堂々と切腹を遂げた。こうした史実が、日本人の心の琴線に触れたのでしょう。

戦国時代、織田信長の名を一躍有名にした「桶狭間の戦い」も同じです。永禄3（1560）年、駿河など三国を支配する今川義元が、信長の領地尾張に迫ります。義元の軍勢は実数2万5000、対する信長側はわずか3000弱。信長は10倍近い人数の敵

イラスト・村上愛海

軍に突入し、雨の中を休憩していた義元を討ち取りました。信長ファンは、この奇襲戦の話が大好きです。

3億円事件に関するロマン

時代がずっと下った昭和16（1941）年12月、日本海軍はハワイ・オアフ島の米軍基地を奇襲して、太平洋戦争の口火を切りました。「トラ・トラ・トラ」です。この戦いも完璧さでは、赤穂浪士や信長に引けを取りません。

中国から撤退せよと要求する米国に対して、日本は譲歩せず、和平交渉は決裂。日本海軍は秘《ひそか》に択捉島《えとろふとう》の単冠《ひとかつぷ》湾《わん》に集結して、ハワイに出撃しました。

結果は戦艦4隻、駆逐艦など4隻を沈没させるなどの大勝利となります。

正面から戦ったら到底、勝ち目がない大国アメリカを打ち負かしたのですから、まさに前代未聞の大奇襲戦。日本人が真珠湾攻撃の話が好きなのは、弱者が強者を奇襲で負かす完璧さゆえ、と考えられます。

ただ、連合艦隊司令長官の山本五十六が立案したこの奇襲作戦は、騙《だまし》討ちだ、と米国民を怒り心頭に発せさせ、国をあげて日本に戦《いくさ》を挑むきっかけとなり、日本は無条件降伏を余儀なくされたのも事実です。米国の歴史研究者の中には、「山本は米国民の気質を理解していなかった」と断じる人もいるくらいです。

戦後では、「三億円事件」も日本人の受け取り方は同様でしょう。昭和43年12月に、東京・府中市で現金輸送車が襲われ、東芝の社員のボーナス約3億円が奪われた事件です。未解決のまま時効を迎えましたが、多くの日本人は犯人を憎まず、そこに一種のロマンさえ感じているようです。この事件は、犯人が単独犯かと疑われるほど少人数での決行。一人の死者も出さず、しかもお金は保険で穴埋めできました。犠牲者がゼロともいえる結果が、三億円事件の魅力なのです。

こうしてみると、われわれ日本人は完璧さを求めるという点で、異常なまでに生真面目な民族といえるかもしれませんね。

詫びるにしても、頭を使うべし

謝罪パフォーマンスで命拾いした人々

教訓

謝るチャンスがあれば奇抜な行動に打って出るべし

歴史上には、奇抜な謝罪でピンチを乗り切った人物が多くいる。豊臣秀吉は切腹を覚悟した状況の中、突拍子もない行動に出て織田信長の許しを得た。伊達政宗はその秀吉に、白装束で拝謁して遅参を許された。一方、大泣きを披露した兵庫県の議員は、だれの許しも得られなかったようだ。

奇抜な謝罪でピンチを乗り切った秀吉

テレビの情報番組やバラエティなどで、いまだにその姿をときに目にするのが、兵庫県のあの元県議会議員。〝号泣県議〟といったほうが、一般にはわかりやすいかもしれません。彼がどのような意図で泣いたのかは定かではありませんが、号泣会見は逆効果となりました。全国的な話題になったため、警察までが乗り出す事態になったのです。「雉《きじ》も鳴かずば撃たれまい」ではありませんが、謝罪で墓穴を掘った典型的な例といえるでしょう。

ところが歴史上には逆に、奇抜な謝罪でピンチを乗り切った人物が散見されます。たとえば、豊臣秀吉。まだ羽柴姓を名乗っていた天正5（1577）年、主君の織田信長は柴田勝家に加賀を攻めさせました。この戦いに秀吉も増援部隊として派遣されたのですが、現場で司令官の勝家と対立。信長の許しも得ず、居城のある長浜に引きあげてしまいました。当然のごとく信長は激怒し、とりあえずの閉門を命じました。

平成25（2013）年の映画『利休にたずねよ』の前半には、秀吉が千利休を訪ね、泣きながら湯漬けを食べるシーンが出てきましたが、秀吉はこの時、死を覚悟していたのでしょう。しかし、そこは秀吉です。切腹を命じられるのは確実という状況の中で、

イラスト・リ カシン

彼は突拍子もない行動に出ました。能楽師や遊女を城に集め、夜を明かしてのどんちゃん騒ぎを始めたのです。

信長に対して暗に、「謀反を起こすつもりは毛頭ありません」と訴えたわけで、これには信長も苦笑し、一件を不問に付《ふ》して許しました。

巧みな根回しで窮地を脱す

その秀吉に追いつめられたのが、伊達政宗です。政宗は秀吉から、再三にわたって「上洛せよ」と命令されながら、これを無視。天正18（1590）年、小田原攻めの秀吉のもとに、ようやく出向きました。このとき政宗は、武士が切腹の際に着る白装束で拝謁。

死ぬ覚悟を示したこの衣装で、遅参を許されました。秀吉が政宗の首を叩いて、「あともう少し遅かったら、ここが飛んでいたぞ」と語ったエピソードは有名です。

最後の将軍・徳川慶喜も、独自の謝罪で一命を取り留めたといえます。慶応4（1868）年に鳥羽・伏見の戦いで薩長主力の官軍に敗戦するや、彼は味方の士卒を見捨てて江戸に逃げ帰りました。官軍は慶喜を殺すつもりで進撃してきます。慶喜は勝海舟に官軍との交渉を任せ、自身は上野寛永寺で徹底謹慎に入ったのでした。官軍は慶喜を殺す名目を失い、慶喜は死を免れることができました。彼は明治2（1869）年に謹慎を解かれ、公爵となり、大正2（1913）年まで生きのびています。享年は77。

こうした例には、当事者の計算がありました。秀吉は問題を起こす2カ月前に、信長の四男・於次丸《おつぎまる》（秀勝《ひでかつ》）を養子に迎え、自らの跡目に据えていました。政宗は秀吉に拝謁する前に、千利休と面会して、秀吉への執《と》り成しを依頼しています。慶喜の場合は、勝が官軍に山岡鉄舟《てつしゅう》を派遣して助命の根回しをしたことが功を奏しました。

一方、あの元県議はこれといった準備もせずに会見し、突然、泣き叫びました。自分で自分を追い込んでしまったのでしょう。世のサラリーマン諸氏は、彼を反面教師ととらえるべきかもしれませんね。

現代でも活かせる建築の極意

豊臣秀吉の傑出した突貫築城術

教訓

人の使い方で仕事のスピードが決まる

歴史を振り返ると、建物の建設で不可能を可能に変えた人が何人もいる。その代表格が豊臣秀吉だ。彼はこれまで柴田勝家などの重臣が築城に失敗した場所で、一夜城として語り継がれる城を築いた。秀吉の成功の鍵は人の使い方の巧みさだったが、新国立競技場の関係者はいかがだろうか。

不可能を可能にした豊臣秀吉

東京オリンピックを前に、新国立競技場の建設を巡って、すったもんだが起きました。当初1300億円程度だった建設費は一時、3000億円を突破。その後、紆余曲折を経て、2520億円に落ち着いたものの、本当にその予算で収まるものかどうか……。このプロジェクトは最初から、計画性の乏しいものでした。

歴史を振り返ると、建物のみならずですが、何事も計画性が第一。なかには建築において、不可能を可能に変えた人がいます。その代表格が、豊臣秀吉でした。

永禄9（1566）年、当時、足軽頭で木下藤吉郎を名乗っていた秀吉は、主君・織田信長が美濃の攻略に手こずっているのを見て、墨俣《すのまた》（現・岐阜県大垣市）に砦を築くことを、改めて申し出ます。ここは敵将・斎藤龍興《たつおき》（道三の孫）の稲葉山城の喉元にあたり、これまで柴田勝家などの重臣が、幾度も築城に失敗した場所でした。しかし秀吉は、この難事業を見事に成功させます。どのように彼は、段取りしたのでしょうか。

秀吉は地理に明るい蜂須賀小六（正勝《まさかつ》）の協力を得て、木曾の山中で木を切り出し、櫓や塀などをパーツごとに製材してから、墨俣川に流して、それらを運びました。墨俣では部品を組み立てるだけ。そのため作業時間を大幅に短縮することができたのです。

イラスト・白井小春

一夜で完成したと語り継がれる墨俣一夜城

さらに工事に際して、秀吉は作業員を3隊に分けてこう言いました。

「一隊は城を造る。一隊は敵襲に備える。一隊は寝る」

秀吉は全員を一挙に働かせると、すぐに無理が出ることを知っていました。そのため休憩させながら、工事を進めたのです。こうして完成したのが有名な〝墨俣一夜城〟。ただし、この城は実際は47日間かかりました。それでも異例の速さだったため、〝一夜城〟として語り継がれているのです。

天正18（1590）年に北条氏政・

氏直父子が立籠る小田原城を攻めたときも、秀吉は事前に斬新な段取りを工夫しました。戦地に側室の淀殿や千利休などを呼んで、余裕綽々《しゃくしゃく》を演出。その一方で北条側を追い詰める心理戦を展開しました。それこそが、もう一つの"一夜城"の築城でした。

秀吉は小田原城を一望できる笠懸山《かさがけやま》に、大きな城（石垣山城）を建築します。完成までわずか80日の突貫工事のうえに、建設現場は森にさえぎられて、敵方からは見えない場所でした。彼は城が完成するや、目前の木々を一挙に伐採しました。北条方にしてみれば、いきなり城が出現したのですから、さぞかしびっくりしたでしょう。彼らは動揺して総崩れとなり、北条氏はついに降伏しました。

時代は前後しますが、信長の居城だった清洲（清須）城（現・愛知県清須市）の修復工事でも、秀吉は異能ぶりを発揮しています。洪水で破壊された外塀を修復するにあたり、塀を10のブロックに、作業員を10の組に、各々を分けて、それぞれの持ち場の修復を命じたのです。その際、「一番最初に作業を終えた者には褒美をやるぞ」と発破《はっぱ》をかけたため、作業はわずか1日で終わった、と伝えられています。

やる気を起こさせる人の使い方の巧みさで、秀吉は成功しました。新国立競技場の関係者は、さて、歴史に残るこの建築をどう完成させるのでしょうか。

人に騙《だま》される前にすること

疑り深さで勢力を伸ばした織田信長

教訓

人を疑ってみることも必要

企業の不祥事が発覚するたびに、国民は憤りを感じるもの。ここで思い出すのが、戦国時代の覇者・織田信長である。信長は疑り深い性格によって、織田家という組織を守ることができた。油断がもとで本能寺の変で横死したとはいえ、現代人は信長の実証主義を参考にすべきである。

迷信を疑い、不思議を否定した信長

「あの会社にだまされた」――。

企業の不祥事が発覚するたびに、ユーザーや消費者は憤りを感じるものです。神奈川県横浜市の大型マンションの手抜き工事や自動車メーカーによるデータの改竄《かいざん》など、枚挙にいとまがありません。企業を信じていたため、裏切られたときの怒りは大きいのです。こうした騒動で思い出すのが、戦国時代の覇者・織田信長です。彼は世の中の迷信を疑い、あらゆることに疑い深く、不思議を否定する人でもありました。

永禄元（1558）年のこと。尾張の領内に「あまが池」という大堤があり、人々は「大蛇《おろち》が棲《す》む」との伝承を信じて恐れていました。実際、一抱えもある黒いものを見た、という農民もいたのです。

しかし、この話を耳にした25歳の信長は、

「左様なものは、この世にはおらぬ。池の水をすべてかき出せ」

と命じました。村人は総出で水をくみ出しましたが、せっかちな信長は途中でしびれを切らせ、自ら池に飛び込み、大蛇が存在しないことを自ら実証したのです。このように、彼は疑り深い合理主義者でした。

イラスト・伊佐 治

〝人を疑わない〟という日本人の困った美意識

こんな話もあります。信長晩年のころ、無辺《むへん》と称する旅の僧が、近江の臨済宗石馬寺《いしばじ》に逗留して、秘術・奇術で人々の崇敬を集めていました。

信長はこのときも、「不思議の現象など起こり得るはずがない」と、無辺を安土城に呼び寄せ、「生国はいずこか？」と尋ねます。無辺は「無辺」と答えるのみ。「唐人か、それとも天竺《てんじく》人か？」との問いにも、まともに答えません。

「ならばよい、火あぶりにせよ」

信長は近習の者に命じます。無辺は

あわてて、「出羽・羽黒（現・山形県鶴岡市）の者です」と明かしましたが、信長は追及の手をゆるめません。不思議の術をやってみせよと命じ、さらにこう言いました。

「不思議をおこなう者は、その顔かたちから目の色まで、他に抜きん出て尊いものであるはずだ。ところがおまえはどうだ、山賊より賤しい風体ではないか」

無辺は追放となりましたが、のちに再び捕らえられ、ついには処刑されてしまいました。

前述の現代企業の不正問題の背景には、日本人の〝人を疑わない性格〟があるのかもしれません。他人が不正をしているのではないか、と疑うのは、相手の名誉を傷つけるようで心苦しい。これは日本人の美意識でしょうが、手放しで信じると自分や所属する会社の信用を傷つけることにもなりかねません。

再び、信長です。元亀元（1570）年に朝倉義景を攻めたとき、同盟を結んでいた浅井長政の裏切りで、彼は大ピンチに陥ります。長政に嫁いでいた妹のお市《いち》が、陣中の兄に袋の両側をしばった小豆を送り、夫の造反を知らせた挿話が有名です。

信長は疑念を覚えた途端、戦線を離れ、脱兎の如く京へ逃げ帰りました。

こうした疑り深い性格によって、織田家という組織を守ることができたのです。最後は油断がもとで、まさかの本能寺の変に遭遇してしまいましたが、それでも現代の消費者は信長の実証主義を参考にするべきでしょう。

脅しに屈しないという信念

堂々と捕らわれの身となった人たち

教訓

強い決意を妨げることはできない

歴史には敵方に囚《とら》われ、辛い思いをした人が少なくない。〝忠臣蔵〟に登場する天野屋利兵衛は、義士に武具を用立てたと疑われ、町奉行所で厳しい取り調べを受けても口を割らなかった。平成27（２０１５）年、ジャーナリストが「イスラム国」（ＩＳ）に拘束された事件は、実に痛ましい結末を迎えてしまったが……。

囚われて辛い思いをした天野屋利兵衛

平成27（2015）年、「イスラム国」（IS）に拘束された2人の日本人が、その命を奪われました。日本中が生還を待ち望んでいたのに、実に痛ましい結末を迎えてしまったことは、いまだに忘れられません。

歴史を見ると、敵方に囚われ、辛い思いをしながら、屈しなかった人がいます。日本人が好きな〝忠臣蔵〟で創造された、大坂商人の天野屋利兵衛《あまのやりへえ》もその一人です。

〝忠臣蔵〟は元禄14（1701）年3月、浅野内匠頭長矩が江戸城松の廊下で、吉良上野介義央に刃傷におよび、切腹させられた事件を物語にした世界。翌元禄15年12月、大石内蔵助率いる47人――使者として戦線を離脱した寺坂吉右衛門を除く46人――が、吉良邸に討ち入って亡君の仇を討ちました。

このとき物語の世界では、利兵衛が浪士に武具を用立てた、と疑われ、町奉行所で厳しい取り調べを受けます。しかし彼は口を割らず、討ち入り計画を隠し通しました。講談などの「天野屋利兵衛は男でござる」という名セリフこそ、彼の真骨頂でした。

ただ、利兵衛という商人が、赤穂浪士と関係したという確固たる史料はありません。

加賀藩前田家家臣の記録には、利兵衛が浪士のために槍20本を作り、捕まった、とあ

イラスト・広橋怜

りますが、はっきりしたことは不明です。利兵衛は討ち入りの25年後、66歳で死去したと伝えられています。

武田兵に捕まった鳥居強右衛門

戦国時代では、鳥居《とりい》強右衛門《すねえもん》でしょうか。天正3（1575）年5月、徳川家康の家臣・奥平貞昌《さだまさ》（のち信昌）は三河の長篠城を武田勝頼の軍勢1万5000に攻められて、城内の食料庫が焼失。ピンチに陥ります。

窮状を家康とその同盟者・織田信長に知らせる使者として、城から出て走ったのが奥平家の足軽・鳥居強右衛門でした。彼は敵の目をかいくぐり、信長と家康がいる岡崎城に辿り着きます。

ここで強右衛門は、信長から「援軍を出し、武田軍を蹴散らしてみせる」との言質を受けました。家康からは「長篠城への使者は別の者を遣わすから、すぐに戻る必要はない、休め」と言われます。しかし強右衛門は、「救援が来ることを、一刻も早くみんなに知らせ、励ましてやりたい」とすぐに、長篠城にとって返しました。

ところがその道中、武田の兵士に捕まってしまいます。強右衛門は武田勝頼の前に引き出され、「命を助けてやる」そのかわりに、長篠城の城兵に「援軍は来ない。諦めて降伏せよ」と言え、と勝頼から持ちかけられます。強右衛門はその要求を呑み、長篠城の城門まで連れて行かれました。そして彼は、「信長様の返事を伝える」と前置きし、声高らかに言い放ちました。

「信長様は3万の軍勢を率いて、こちらに向かっている。3日のうちには、必ずや家康様の8000の兵とともに、救援に来るぞ！」

これを聞いた城内の兵は、戦意を取り戻しました。しかし、強右衛門は城兵が見守る中、磔《はりつけ》にされてしまいます。享年36とも。それからまもなく、織田・徳川連合軍が勝頼を破ったことはご存知のとおりです。世に言う「長篠・設楽原《したらがはら》の戦い」で、信長の鉄砲三千挺により、武田家の有力武将を多数、討ち取った戦《いくさ》として知られています。

現代でも親子対立が話題に

武田信玄と斎藤道三
父と子の仁義なき戦い

教訓

たとえ親子でもお家騒動で対立する

歴史上の親子対立で有名なのが、武田信玄の父・信虎を追放した一件。信虎は家臣が戦《いくさ》で手柄を立てても、その実を分け与えない。見かねた信玄と家臣たちは、信虎を追放してしまった。組織の中で創業者と子が対立するのは、よくあること。現代のお家騒動の展開もよく似たもの。

信玄と父・信虎の親子対立

組織の中で、創業者とその子供が対立するのは、昔からよくある話です。親の経営方針に、子が反発するケースが大半。最近では有名家具店の経営者父娘の対立が報じられました。父は娘に社長職を譲りながら、平成26（2014）年7月にその娘を解任して、自らが社長に復帰。ところがその後、娘が父を解任して社長に返り咲きます。株主総会では娘が経営権を握り、父は別会社を設立。父と娘の和解はまだまだ先のような印象を受けました。

歴史には、この種の親子対立が少なくありません。有名なのが、甲斐の武田信玄（諱《いみな》は晴信《はるのぶ》）が父の信虎《のぶとら》を追放した一件でしょう。信虎は実力者でしたが、欠点の多い人物でもありました。信虎は戦巧者でしたが、勝利の実（土地や戦利品）を決して家臣には分け与えようとはしませんでした。そのくせ、戦の負担を国人（土豪）たちに押し付けました。見かねた信玄らは行動に出ます。天文10（1541）年6月、信虎が信濃攻めから凱旋《がいせん》したおり、国境を閉鎖して彼を追放したのです。ただし、追放を主導したのは重臣たちで、信玄自身は関わっていなかった＝国人たちの下剋上との説もあります。

イラスト・澤田有美子

クーデターを防げなかった美濃の蝮・斎藤道三

この話には、続きがありました。

今度は信玄が、嫡男の義信から追放されそうになるのです。義信は今川義元の娘を妻にしていました。それなのに信玄は、義元亡きあと、仇の織田信長に接近。側室の子である庶子の勝頼に、信長の養女をもらう話を進めたのです。義信は板ばさみになり、父に反旗を翻そうとしました。

ここで、信玄は機敏に動きます。永禄8（1565）年、義信が腹心の飯《お》富《ぶ》虎昌《とらまさ》らと謀反を企てていることを知るや、飯富に腹を切らせ、義信を幽閉しました。永禄10年、義信は苦悩の中で自害してしまいます。信玄はクーデターを未然に防ぎましたが、息子に殺された父もいました〝美濃の蝮《まむし》〟と呼ばれた斎藤道三《さいとうどうさん》です。

彼は油売りから、美濃の国主になった、と伝えられる人物。本当は、道三の父・利隆と親子2代で美濃を奪っていますが。道三の父が守護・土岐氏の執権である長井家に仕えて長井新左衛門尉となり、やがて守護代へ。道三はそのあとを継ぎました。彼は土岐氏の2人の息子を反目させ、兄の頼純《よりすみ》（政頼《まさより》、盛頼《もりより》とも）を追放。残った頼芸《よりのり》を守護職に就かせます。その後、守護代の斎藤利隆《としたか》が死ぬと、後継者として斎藤姓を名乗り、仕上げは自分が守護職に就かせた頼芸を追放。美濃を完全支配したのです。

天文23（1554）年、道三は嫡男の義龍《よしたつ》に家督を譲りました。ところが、隠居しても実権を手放さない道三と、義龍の仲が悪化。弘治元（1555）年、ついに義龍は挙兵。翌弘治2年4月、長良川の戦いで道三は義龍軍に殺されてしまいました。

この話には、謎が残されています。義龍が反旗を翻したのは、自分が道三の本当の子ではない、と気づいたからだというのです。道三は頼芸から側室を与えられ、彼女の腹には義龍がいたというのです。つまり義龍は頼芸の子であり、義龍にとって道三は、実父を追い出した許せない敵というわけです。事実であるなら、歴史とは実にドラマチックなものですね（筆者は信じていませんが）。

リストラにも発想の転換が必要
金食い虫「大奥」の美女だけを首切りした徳川吉宗

教訓

やさしさで大鉈《おおなた》を振るうことも必要

学校法人の学園長を務めた女性が、公費を濫用したという報道があったが、公費濫用問題は誰かが、思い切った大鉈を振るわないと、根本的な解決はできないもの。江戸城の大奥の維持費は大変なもので、ここに大胆な財政改革を断行したのが８代将軍・徳川吉宗であった。

大奥の女中は1000人超

平成27（2015）年、ある学校法人の不祥事が発覚しました。理事長の娘で学園長を務める44歳の女性が、公費を濫用していた、と報じられたのです。

彼女は米国出張と称しては、テーマパークやカジノを訪問。この年の9月4日、父親の理事長が会見で、総額1482万円の不適切な支出があった、と公表して、謝罪しました。さらにこの学園は国税局の税務調査を受けて、重加算税を含む源泉所得税2400万円を追徴課税された、とニュースに。女性が公費を無駄遣い――。

この手の話を聞いて思い浮かぶのが、江戸城の大奥です。徳川将軍に大勢の女性が仕える秘密の園。3代将軍家光の乳母・春日局《かすがのつぼね》が創設した大奥には、3000人の女性がいたともいわれています。この数字は大げさですが、常時700〜800人が仕え、幕末のピーク時に1000人前後いたのは、ほぼ間違いないようです。

これだけの人数がいれば、維持費がかかります。ある研究では、徳川幕府の年間予算は640億円で、その4分の1を奥女中たちが使っていたとか。彼女たちは着物や装飾品で贅沢《ぜいたく》を楽しみ、一度着た着物には、二度と袖を通さなかった女性もいたといいますから、お金がかかるのももっともです。

イラスト・水野愛乃

この金食い虫たちに、大胆な首切りをおこなった人物がいました。8代将軍の吉宗です。彼は享保元（1716）年に将軍に就任するや、有名な「享保の改革」を断行。贅沢や奢侈《しゃし》を禁じ、質素倹約を奨励しました。同時に、大奥改革にも着手したのです。

美女に解雇宣言した吉宗の真意

吉宗は奥女中の中でも、飛び切り若くて美しい女性を、50人リストアップさせました。当時、彼は正室の真宮《さなのみや》理子《まさこ》と死別していたため、「上様は大奥から側室を選ばれるようだ」との臆測が広がり、女中たちは色めき立ちます。玉の輿に乗る、絶好のチャンスと期待したからです。

ところが、この予測は見事に裏切られてしまいました。吉宗は50人の着飾った美女を一堂に集め、こう言い放ちます。

「本日をもって、そなたたちに暇を与える」

解雇を宣言したのです。

女中たちは、大ショックを受けてしまいます。

吉宗の真意は、以下のようなものでした。美女ならば、大奥をクビになっても、良縁に恵まれるはずだから、わざわざ大奥に置いておく必要はない。美人でない者たちは、嫁のもらい手が少ないだろうから、このまま大奥で預かる——。

NHK大河ドラマ『八代将軍吉宗』では、西田敏行扮する吉宗が、美しき上臈《じょうろう》、中臈《ちゅうろう》たちに、「そちたちのような美女を大奥に閉じ込め、いたずらに年を重ねさせるは不憫《ふびん》。すみやかに里に戻り、良縁を求めて嫁《か》するもよし。その才覚をもってしかるべき大名に仕えるもよし。花にも見ごろというものがある」と宣言するシーンがありました。

前出の学園の不祥事では、学校関係者が告発することで問題が発覚した一面もあるようですが、こうした公費濫用問題では、誰かが思い切って大鉈を振るわないかぎり、根本的な解決はできないのかもしれませんね。

チュニジアの「国民対話カルテット」にノーベル平和賞

江戸無血開城を実現した勝海舟の平和ネットワーク

教訓

人脈こそ、最大の武器

〝アラブの春〟で民主化運動が起きた国々のうち、チュニジアだけは話し合いによって、平和的な解決をした。日本史上では、「江戸無血開城」の実現に勝海舟、西郷隆盛、坂本龍馬、木戸孝允らの人脈ネットワーク、英国公使の助言などがあった。これこそ、明治維新版の「国民対話カルテット」といえるのではないか。

日本史上、最も有名な平和的解決

ノーベル平和賞というと、平和に貢献した個人に与えられるものだと思いがちですが、過去には「欧州連合」や「化学兵器禁止機関」など組織も受賞しています。

最近の受賞で印象深いのが、チュニジアの「国民対話カルテット」でした。中東の民主化運動〝アラブの春〟の、先駆けとなった平成23（2011）年の「ジャスミン革命」以後、チュニジアでは政党や政治家、市民の対話が続けられてきました。

この対話を推進したのが労働組合、経団連、人権団体、法曹界の4組織。すなわち、国民対話カルテットだったのです。

〝アラブの春〟で民主化運動が起きた国々のうち、シリアはいまだに深刻な内戦状態にあり、エジプトやイエメン、リビアも国内が混乱しました。そうした中、チュニジアだけは話し合いによって、国内政治を平和的に解決したのです。

日本史で平和的解決といえば、「江戸無血開城」を思い浮かべます。この奇跡を実現させたのは、勝海舟《かつかいしゅう》と西郷隆盛《さいごうたかもり》の二人でした。慶応3（1867）年10月、15代将軍・徳川慶喜が大政を奉還。ところがその2カ月後、西郷ら薩長主力の討幕派は王政復古の大号令を発して、新政府を樹立し、徳川家の官位と領地を没収すると宣言します。

イラスト・若生圭汰

この仕打ちに徳川方が怒り、慶応4年正月、鳥羽・伏見の戦いが勃発。旧幕軍と官軍（新政府軍）が戦い、旧幕軍が完敗する結果となりました。

明治維新の国民対話カルテット

西郷らは、徳川家を徹底的に壊滅させる方針でした。これに対して慶喜は恭順の意を示し、上野寛永寺で謹慎。しかし徳川憎しの新政府軍は、総勢およそ5万人の軍勢を3つに分け、江戸総攻撃に向けて京を進軍します。

旧幕府の陸軍総裁・勝海舟は、慶応4年3月9日、山岡鉄太郎（鉄舟）を薩摩の西郷隆盛の陣中に派遣。この山岡に対して西郷は、慶喜の岡山藩お預けや江戸城明け渡し、軍艦・武器の引き渡し、関係者の厳重な処罰を要求しました。

このころ江戸では、3月15日に官軍が総攻撃を仕掛けてくる、との話が広まります。ここにいたって勝は、自らが西郷を説得するしかない、と決意しました。

3月14日、勝は江戸・高輪の薩摩藩邸に西郷を訪ねて直談判。江戸城明け渡しと、武器の放棄などを約束します。その4年前に勝と面談したことがある西郷は、勝の言を信じ、総攻撃を中止。江戸は無血開城となり、近代日本が新たにスタートしました。

この平和的解決の背景には、多くの人が絡んでいました。1人は慶応3年11月に没した土佐の坂本龍馬。彼は薩摩と長州が手を結ぶ薩長同盟の調停者で、西郷の信頼を得ているうえに、勝の弟子でもありました。このほか勝は、長州の木戸孝允《きどたかよし》（桂小五郎《かつらこごろう》）とも早くからの知り合いでした。

また、新政府を支持する英国公使パークスが、3月13日の段階で慶喜について、「いかに政敵といえど、抵抗をやめて恭順している者を攻撃するのは、人道上でも国際法上でも認められない」と意見したことも、西郷の心を動かしています。

つまり、勝が西郷、龍馬、木戸らと築いた人脈ネットワークのほか、パークスの助言などがあって、江戸は戦火から救われたのです。これは明治維新版の「国民対話カルテット」といえるのではないでしょうか。

強者の論理は嫌われる

大坂城の堀を強引に埋め戻した徳川家康

教訓

相手の意向を無視して強引に進めると評判を落とす

戦国の世は、徳川家康が「大坂の陣」で終息させた。この戦の勝敗を分けたのが、大坂城の堀の埋め立てだった。同じようなことが現代でも起きている。沖縄・辺野古沿岸部の埋め立て工事だ。住民の抗議を無視して、政府は調査を続行したため、沖縄県知事は作業停止の指示を出したが、ときの農林水産大臣はこの指示の効力を停止した。

大坂の陣で思いだす安倍政権の策略

徳川家康が「大坂の陣」で豊臣秀頼と淀殿を自刃させ、乱世は終息しました。ときに慶長20（1615）年。平成27（2015）年には、400年の節目を迎えています。この戦国最後の戦《いくさ》の勝敗を分けたのが、大坂城の堀の埋め立てでした。家康が豊臣方の意向を無視して、外堀のみならず内堀をも埋めてしまったのです。

同じようなことが、現代でも起きました。沖縄・辺野古沿岸部の埋め立て工事です。現地の住民が抗議の座り込みを続けているのに、政府は海底ボーリング調査を続行。平成27年3月、翁長雄志《おながたけし》知事は作業停止の指示を出しましたが、林芳正《はやしよしまさ》農林水産大臣はこの指示の効力を停止しました。この事態に古《いにしえ》の「大坂の陣」を思い浮かべた人もいたのではないでしょうか。

この戦は、方広寺の梵鐘の文字「国家安康」に、家康が難クセをつけて始まったことはご承知のとおりです。徳川と豊臣が敵対し、大坂城に真田信繁（俗称・幸村）ら牢人約10万人が入城し、慶長19年11月、「冬の陣」が始まりました。もっとも徳川方は総勢約20万人でしたから、当時の城攻めの戦術からは、亡き豊臣秀吉が心血を注いで築いた、最強の要塞である大坂城は、簡単に落とせるものではありませんでした。

イラスト・樫田真実

家康によって裸にさせられた大坂城

そのため家康は、敵を心理的に追い詰める作戦を取ります。

大坂城に、大砲を次々と撃ちこみました。この砲撃で本丸が崩壊し、侍女が下敷となって殺されたことから、豊臣秀頼の母・淀殿は恐れ戦《おのの》き、家康が持ちかけた和睦案に応じたのです。

徳川の使者は家康の側室・阿《あ》茶局《ちゃのつぼね》。彼女は「家康様の面目を立てるために、惣堀《そうぼり》を徳川方の手で埋めることを認めて欲しい」と要求。「惣堀」とは城下町をとり込む外堀（惣構《そうがまえ》）のことです。

豊臣側はこれを許し、自分たちの手で二の丸、三の丸の障壁を撤去するとも約束しました。ゆっくり障壁を壊して、73歳と高齢の家康が死ぬのを待つつもりだったのです。ところが、徳川方20万人のうち13万人が帰国し、残りの7万人が大坂に残って総延長8キロの、惣堀の埋め立てを開始したのですが、夜を徹しての作業により、惣堀はわずか3日で埋められてしまいました。

しかも彼らは、そこで作業をやめず、そのまま三の丸、二の丸の堀も埋め戻してまったのです。驚いた豊臣側が抗議すると、徳川方の担当者・本多正純は、「和睦では豊臣方が三の丸、二の丸の障壁を壊すと約束されたはず。われらはその手助けをしているだけ」と言い張ります。そこで淀殿が使者を派遣して家康に抗議しましたが、家康は「(埋め立て担当の)奉行が[外堀]を[総堀]と聞き間違えたのであろう。すぐに元に戻すよう命じよう」ととぼけて、使者に謀臣の本多正純を遣わします。

大坂城は1カ月で本丸以外の堀を埋められ、裸同然になってしまいました。慶長20(1615)年5月、「夏の陣」によって大坂城は落城、豊臣家は滅びました。

相手の意向を無視して強行した例は、秀吉による鳥取城の干殺し、千利休や関白・秀次を切腹に追いやった事件など、いずれも評判がよくありません。さて、安倍晋三首相は後世、この沖縄での行為に、どのような評価を受けるのでしょうか。

友情の尊さは歴史をも動かす

石田三成に学ぶおもてなしの極意

教訓

恩は知らず知らずのうちに自らに返ってくる

日本の「おもてなし力」は、世界で高く評価されている。歴史を振り返ってみても、他人へのもてなしで名を高めた人はたくさんいた。なかでも興味深いのが、豊臣政権の五奉行の一人、石田三成。彼は秀吉によって、土豪の息子から大名にまで引き上げられた。きっかけは、三成らしい気配りにあった。

石田三成の「三献茶」

二度目となる東京オリンピックが決まってから、日本人に「おもてなし」というキーワードが、すっかり浸透しました。もちろん、海外にも大きな影響を与えています。平成27（2015）年、「世界経済フォーラム」が発表した、観光競争力ランキングでは、日本は141の国と地域で総合9位となりました。しかも「客の待遇」の項目で首位になり、それは「おもてなし」が高く評価されたからだそうです。

歴史を振り返ると、他人へのもてなし、気配りで名を高めた人はたくさんいます。なかでも興味深いのが、豊臣政権の五奉行の一人・石田三成です。彼は秀吉によって、土豪の息子から大名にまで引き上げられました。きっかけは、三成らしいもてなしでした。2人の出会いは『武将感状記』など、いくつかの文書に描かれた「三献茶」の話が有名です。

織田信長の部将として、北近江（現・滋賀県北部）12万石を与えられた秀吉は、時間をみつけては領内を見回っていました。ある日、伊吹山で鷹狩りをした帰途、彼はとある寺に立ち寄り、茶湯をくれと頼みました。声を聞きつけた稚児小姓が、さっそく大ぶりの茶碗に茶湯を七、八分目、ぬるめにたてて持参。秀吉は喉を鳴らしてこれを飲み干

イラスト・若生圭汰

し、「いま一服」とおかわりをします。すると先ほどの小姓が、今度は前より少し温かい茶湯を、茶碗に半分ほど入れて差し出しました。

秀吉は何か感じるものがあり、「さらにもう一服」と3杯目を所望します。すると次に出された茶湯は、小ぶりの茶碗に熱く、しかも少量のものでした。

大谷吉継が三成に味方した理由

勘のいい秀吉は、すぐに気づきます。

小姓は秀吉の喉が渇いていることを見抜き、最初はすぐに飲めるようなぬるめの茶湯を運び、次に温度を少し上げ、渇きが癒えたところで、熱い茶湯を供したのです。この小姓こそが、少年時代の三成でした。

その三成は慶長5（1600）年、関ヶ原の合戦で徳川家康に挑み、敗れました。ここで注目したいのが、「三成は不利」と見ていた大谷吉継があえて加勢したことです。吉継はなぜ、三成に「馳走《ちそう》」したのか。理由はかつて二人が出席した、茶会にありました。

吉継は皮膚に異変が生じる難病にかかり、白い薄布で顔を隠していました。その茶会は、ひとつの茶碗を全員が回し飲みする形式です。ところが、吉継のところへ茶碗がまわってきたとき、彼の顔から何かが茶碗の中に落ちました。居並ぶ諸侯はそれに気づき、吉継の次に茶碗を回された者は茶を飲む真似をするだけで、次へ。また次へ、と茶碗を渡しました。そして三成の番になります。ここで彼は、見事な態度を取りました。茶碗を手にすると、すべてを一気に飲み干してしまったのです。

「この男のためなら、命もいらぬ」

三成の友情に感動した吉継は、関ヶ原の合戦であえて三成に味方した、と言われています。この吉継の行為もまた、「おもてなし」の極意を語っていたように思えます。

ただ残念ながら、関ヶ原の合戦は徳川家康が率いる東軍の圧勝となりました。西軍の吉継は戦場で切腹し、三成は逃走したものの京で斬首刑に処せられました。

他人《ひと》のアイディアを横取りするリスク

パクリで大出世した山内一豊

教訓

マネして加工される側のおおらかさも必要か？

東京五輪エンブレムをデザインしたアートディレクターが、ベルギーの劇場のロゴを模倣したのではないか、との疑いをかけられ、大きな騒ぎに発展したことがあった。ここで思い出すのは、戦国武将・山内一豊の、他人のアイデアを横取りして出世した話。彼が妻のヘソクリで馬を買った話ほど有名ではないのだが、ヘソクリはウソ。こちらは史実である。

五輪エンブレムは大きな問題に

二度目の東京オリンピック、そのエンブレムをデザインした人物が、ベルギーの劇場のロゴを模倣したのではないか、との疑いをかけられたことがありました。彼はほかのデザインやシンボルマークなどでも、同様の疑惑を持たれ、大きな騒ぎに……。世上いわれたのが、いわゆる「パクリ」（かすめ取る、ぬすむ）疑惑でした。

この騒動のおり、テレビ制作の現場では、「パクリ」という言葉に、異常なまでに神経質に扱われていました。実際、筆者もある歴史番組の解説で、「パクった」と発言したところ、時期が時期で、不適切に受け取られかねない、と収録での言い回しを求められました。「パクリ」という単語自体が、微妙な立場にあったわけです。

筆者がこの言葉を使ったエピソードは、戦国武将・山内一豊に関するものでした。他人のアイデアを借用して、出世した話。彼が妻のヘソクリで馬を買った話ほど有名ではありませんが……。

一豊が豊臣秀吉麾下の武将として活躍したのは、ご存じの通り。近江長浜（現・滋賀県長浜市）の領内で5000石を拝領したあと、天正18（1590）年、46歳で遠江国掛川（現・静岡県掛川市）に5万石の城主と出世しました。

イラスト・大澤真衣

ところが、慶長3（1598）年に秀吉が死去すると、天下は再び混沌としてきます。慶長5年、徳川家康は会津の上杉景勝征伐を名目に、豊臣恩顧の大名を従えて北上。その間、石田三成が挙兵して西軍を編成、日本を二分する決戦に発展しました。世にいう「関ヶ原の合戦」です。

家康を感動させた一豊の行動

慶長5年7月25日、家康は下野小山（現・栃木県小山市）にて軍議を催します。

この席でまず、福島正則が家康側につくことを表明し、同席の武将たちを鼓舞しました。この正則につづいて発言したのが一豊です。彼は家康に、こう言い放ちました。

「東海道を馳せのぼるには、城と兵糧が必要でござろう。それがし、居城の掛川を内府《ないふ》殿（家康）にご進呈申し上げる」

この言葉を聞き、他の武将たちも争うように、「それがしも、城を差し上げます」と宣言。平成18（2006）年のNHK大河ドラマ『功名が辻』では、上川隆也扮する一豊に、家康（西田敏行）が「よく言うてくだされた。かたじけない」と頭を下げるシーンがありました。覚えている読者も、多いのでは――。

家康を感激させたこの行動、実は他人のアイデアの盗用、つまりは「パクリ」でした。パクられたのは浜松城主の堀尾忠氏《ただうじ》という若手の武将。彼は一豊と軍議に向かう途中、自分は浜松城に兵糧をつけて、内府に進上するつもりだ、と明かしました。ところが軍議の席で、一豊がいち早く自分の意見にしてしまったわけです。ただ、堀尾自身は一豊を恨むでもなく、笑ってすませたと『藩翰譜』（新井白石著）にあります。

実は日本の思想・文化には、昭和の戦後まで、「パクリ」そのものがなかったのです。何事も接ぐ、つなぐのは当たり前、マネして加工することは当然、と認められていたからです。一豊は合戦後、家康によって土佐20万石余の主《あるじ》に抜擢されました。こういうおおらかさが、日本にもつい最近まであったのですがねえ。

幕末と中東に見る緊張状態

放火、強盗で幕府を挑発した西郷隆盛

教訓

些細な行動から目を離してはならない

現在の中東は、歴史の教訓を暗示している。トルコ軍がロシアの軍用機を撃墜、パリでは多発テロが発生、「イスラム国」(IS)への地上戦が本格化するなど、世界に緊張が走った。こうした緊迫状態は、日本史にも度々起こっている。そのひとつが、徳川幕府と討幕派の攻防戦だった。

複雑怪奇な中東の相剋図

本書では再三にわたって、中東情勢をもとに日本史の再検討をおこなっています。その理由は、現在の中東が歴史の教訓を暗示していると思えるからです。

シリアにはロシアが肩入れし、同国の反政府勢力には米国など西側諸国が荷担しています。平成27（2015）年11月にはトルコ軍が、ロシアの軍用機を撃墜。ここにイスラム国（IS）が加わって、複雑怪奇な相剋《そうこく》図が展開されました。パリでは、多発テロが発生し、ISへの地上戦が本格化するなど、中東の戦炎によって世界に緊張が走っています。

こうした緊迫状態は、日本史にも度々起こりました。そのひとつが、幕末の江戸幕府と討幕派の攻防戦です。徳川慶喜が15代将軍に就いたのが慶応2(1866)年12月――。

当時、薩摩藩は公武合体で動いていたのですが、やがて武力で幕府を倒そうと画策するようになりました。彼らは睦仁《むつひと》親王（のちの明治天皇）を動かして、討幕の密勅を出させることに成功します。この動きに対して、慶喜は先手を打ち、慶応3年10月、朝廷に政権を返上しました。世に言う「大政奉還」です。きわどいタイミングでの決断でした。これにより幕府が消滅し、そのために討幕派は大義名分を失ってしまいました。し

イラスト・平原一樹

かも慶喜は、今後も自らが政務を取り仕切る姿勢を、海外に示します。西郷隆盛や大久保利通ら討幕派は、このまま黙っているわけにはいきません。

些細な行動が大事件に発展

慶長3(1867)年12月9日、西郷は京都御所を封鎖してクーデターを起こします。明治天皇に、「王政復古の大号令」を発布させたのです。

これにより、天皇中心の新体制が確立し、薩長両藩が主導権を握って、慶喜を排除する形が整いました。

慶喜は配下の会津藩、桑名藩の軍勢を京都から大坂に移動させます。一方、大久保は御所での会議で慶喜の官位を剥奪《はくだつ》し、徳川家の領地800万石（実質400万石）を没収する「辞官納地」の方針を口にしました。これには諸大名が、「やり過ぎだ」と反発。やはり慶喜を新政府に迎えるべきだ、との声まで上がりました。

12月24日、慶喜を新政府に迎えることが決定。大久保らはもはや、戦争しかない、と腹を据《す》えます。幕府と討幕派の緊張が、一気に高まりました。

この状況を破ったのが、西郷です。彼は徳川家を戦争に引き込むための行動に出ました。江戸の薩摩藩邸に浪士たちを集め、江戸市中で放火や強盗、婦女暴行などの撹乱工作をおこなわせたのです。この挑発行為は、「御用盗《ごようとう》」事件と呼ばれています。上野公園の銅像からは想像できないほど、西郷は怜悧な策謀家でもあったのです。

12月25日、徳川家はまんまと西郷の企てに乗せられ、江戸市中警固を担当する庄内藩士ら新徴組による、薩摩藩邸焼き討ちを決行しました。火薬庫に火が付けられるように、大坂にいた旧幕府側の武士たちは立ち上がり、翌慶応4年正月3日、鳥羽・伏見の戦いが勃発します。幕府軍は3日で敗北を喫し、東日本全域を巻き込んだ戊辰戦争が繰り広げられ、ついには徳川幕府は完全に滅びたのでした。

緊張状態のときは、些細な行動が大事件に発展します。現代の中東情勢から、目が離せないのはこうした事情があるからです。

新党の代表は娘を与党に送り込んだのか

妹を差し出して生き延びた京極高次

教訓

出世第一と考えるなら「陰口承知」の覚悟を持て

娘を権力者にゆだねる政略結婚は、歴史に数多くある。有名なのが、平安時代の藤原道長。長女の彰子を一条天皇の中宮へ、次女の妍子を三条天皇に入内、さらに三女の威子を後一条天皇の中宮として送り込んだ。さて、野党新党の著名代表は、己《おの》が長女を与党へ差し出したのだろうか。

政略結婚で地位を安泰に

平成28（2016）年初め、政界で「あれっ？」と思える出来事がありました。新党の代表である代議士の、長女――これまた代議士――の移籍話が報じられたのです。

その代表はかつて与党に所属していましたが、平成14年に離党。平成17年には新党を結成しました。娘の代議士は平成25年に衆議院議員となり、そもそもは別の野党に所属していましたが、父は娘を自らの古巣の与党に、鞍替えさせることを決意した、と報じられたのです。長女を差し出して、父親自身、与党に恩を売ろうとしているかのようにも思えたものです。実際、娘の方は平成28年3月に当時の所属野党を離れて、無所属に。その後、与党の会派に参加しました。

娘を権力者にゆだねたケースは、歴史の中にいくらでもあります。いわゆる、政略結婚です。有名なのが、平安時代の藤原道長。長女の彰子《しょうし》を一条天皇の中宮に送り込み、次女の妍子《けんし》を三条天皇に入内させました。さらに三女の威子《いし》を、後一条天皇（彰子の子）の中宮として送り込みます。

このように、天皇の后《きさき》を3代つづけてわが娘で独占。得意の道長は、「この世をば我が世とぞ思う望月の　欠けたることもなしと思へば」と詠んだのでした。

イラスト・田中成佳

妹を頼って出世したホタル大名

平安時代後期では、平清盛がいます。

まずは娘の盛子《もりこ》を名門摂関家の藤原基実《もとざね》の妻とし、次に徳子《とくこ》を後白河院の養女として入内させ、高倉天皇の中宮とします。治承2（1178）年、徳子は皇子を出産。この皇子が、安徳天皇となります。清盛は天皇の祖父として、権勢を極めました。

この2人に比べて知名度は落ちるものの、女性の力で戦国時代をしたたかに生き延びた人物がいました。

その名は、京極高次《たかつぐ》——彼は永禄6（1563）年の生まれ。名門・京極家は、家臣の浅井氏に実権を奪われるなどで零落していましたが、浅井氏が織田信長によって滅亡するや、高次は信長に取り立てられ、5000石の知行を得ました。

天正10（1582）年、信長が明智光秀によって本能寺で横死すると、高次は光秀の誘いに乗って挙兵、羽柴（のち豊臣）秀吉の本拠・長浜城を攻めます。

ところが、光秀は山崎の合戦で敗死。高次は秀吉の怒りを恐れて、今度は柴田勝家を頼り、その勝家が滅ぼされると、若狭（現・福井県西部）の武田元明《もとあき》のもとに逃げ込みました。元明が、高次の妹・龍子《たつこ》を妻としていたからです。

しかし、このままでは元明までもが秀吉に殺されてしまいます。高次は進退きわまりました。彼はこのピンチをどうかわしたか。なんと、龍子を元明と離縁させ、秀吉の側室に差し出したのでした。龍子はのちに「京極殿」「松の丸殿」と称された美貌の持ち主。秀吉は彼女を大いに気に入り、高次を助命し、2500石を与えました。高次は妹の美貌で生き延びたのです。

龍子が淀殿に次ぐ秀吉の側室ナンバー2になったおかげで、高次は天正18年、近江八幡2万8000石を拝領。文禄4（1595）年には、近江大津6万石の城主となり、従三位・参議に叙任しました。が、その一方で妹の尻の光で出世した、と「ホタル大名」と周囲に陰口を叩かれることになりました。高次の心中はいかに……。

公金「流用」の例外

国家予算を不正流用した西郷従道と山本権兵衛

教訓

大事をおこなうときはすべてを失う覚悟が必要

明治海軍の中で、とくに重要だった戦艦「三笠」。ところが予算不足に陥り、建造費の調達が困難になってしまった。そこで他の予算を流用して、英国に手付金を払うことを西郷従道は決断する。この従道の大英断によって「三笠」は日本海軍の戦列に加わり、日露戦争で日本を勝利に導いた。

戦艦のために国家予算を流用

平成28（2016）年6月に、ときの東京都知事が辞任したのは、ある意味でやむを得ないことだったかもしれません。政治資金を使ってホテルに私用で泊まったとか、私的に中国服や美術品を買ったなど、数々の〝流用〟疑惑が発覚。「せこい」という言葉が、世界に紹介される機会ともなりました。日本人としては、恥ずかしい気がします。

流用といえば明治期にも、国家予算を本来の用途とは違う目的に使った例がありました。西郷隆盛の弟・従道《つぐみち》と山本権兵衛《ごんのひょうえ》による軍艦の調達です。

西郷従道は大隈重信に、「天成の大将にして、将の将たるの器を有《ゆう》するものなり」「無邪気にして野心なきにあり」と称賛されるほど、政治的野心を持たない逸材でした。

彼は薩摩閥の代表として、内閣総理大臣になれたのに多くを望まず、明治18（1885）年から7代、2度にわたり海軍大臣を務めました。日本の近代海軍を整備した最大の功労者は、この従道だったと筆者は考えてきました。

一方の山本権兵衛も薩摩閥で、明治24年にドイツから帰朝し、海軍大臣官房主事（大佐）に就任。軍制改革、老朽将軍・将校の淘汰を断行して、「権兵衛大臣」と恐れられるなど、海軍の改革に敏腕を振るったことで知られています。こうした思い切った決断を後押ししたのが、9歳上の従道だったのです。

死を賭した「三笠」の調達

明治28（1895）年に日清戦争が終わり、海軍はロシアとの対決に向けて準備を進めることになりました。戦艦6隻、装甲巡洋艦6隻を造る「六六艦隊計画」に着手したのです。

この計画は、明治29年から10年間継続されました。

権兵衛は、日清戦争の前に予算が通った1万2000トン級の「富士」や「八島」に加え、日露戦争をにらんで1万5000トン級の「敷島」「朝日」「初瀬」

イラスト・内藤 毅

「三笠」の建造を主張。予算を獲得しました。とくに重要だったのが、戦艦「三笠」です。

海軍大臣となった権兵衛は、この「六六艦隊計画」を推し進めましたが、途中、問題が発生しました。予算不足に陥り、最終戦艦である「三笠」の調達が困難になったのです。同艦は英国の造船所に発注予定でした。が、国会の決議を待っていたのでは建造が遅れ、万一ロシアと開戦となった場合、間に合わずに日本海軍が不利となる懸念がありました。そうした情勢の中、相談を受けた従道は、他の予算を流用して、独断で英国に手付金を払おうと、権兵衛にもちかけます。

「山本さん、それは買わねばなり申はんなぁ。他の予算を流用すればよか、もちろん違憲じゃ。じゃっどん、議会に追及されたなら、潔く2人そろって二重橋の前で腹を切ればよか。自分たち2人が死んで、最新鋭艦が手に入れば、そいはけっこうなことではごわはんか」

この従道の大英断によって、「三笠」は日本海軍の戦列に加わり、日露戦争（1904～05年）の日本海海戦に旗艦として出撃、日本を勝利に導きました。

日本のために、死を賭して他の予算を流用した従道と権兵衛。先の都知事の流用とは、大きく異なるものでした。

藤原道長、豊臣秀吉は六十路で死去

徳川家康はなぜ長生きできたのか？

教訓

健康でなければ何事も最後まで成し得ない

生涯現役でいるためにも、健康が大切。家康は「適度な運動」「バランスの取れた食事」「ストレス解消」の3つを守って天下を取った。一方、歴史を振り返ると、不摂生をして失敗した人も数多い。藤原道長は酒の飲みすぎと運動不足、豊臣秀吉は疲労とストレスで命を縮めていた。

健康であれば長寿を楽しめる

人は50歳を越えると、これから先の人生で何ができるのか、と考えるものです。生涯現役で臨みたい、趣味に打ち込むみたいなど、目的はさまざま。いずれにしても、そのためには何よりも健康でなければなりません。

歴史を振り返ると、不摂生をして失敗した人を数多く見かけます。その一人が藤原《ふじはらの》道長《みちなが》——平安時代、天皇の后《きさき》を3代つづけてわが娘で独占し、権力をほしいままにした人物です。

「この世をば我が世とぞ思う望月の　欠けたることもなしと思へば」

先にもあげましたが、彼が53歳で詠んだこの歌は有名です。

しかし実はこのとき、道長は重い病に悩まされていたのです。51歳のころから、しきりに喉の渇きを訴えるようになり、当時でいう「飲水病《いんすいびょう》」、つまり糖尿病にかかっていたとみられています。渇きを癒やすためにお茶や柿汁、葛の根などを服用。ときに杏《あんず》をなめて対処したりしましたが、目も衰え、現代でいう白内障も併発してしまいました。

原因は、酒の飲みすぎにありました。当時の酒はアルコール濃度が低いため、つい飲む量が多くなりますが、糖分も高かったのです。また道長は、どこへ行くにも牛車を使いました。糖分の過剰摂取と運動不足で、自らの命を縮めたといえます。享年は63でした。

天下取りのために守った、家康が3つのこと

時代が下って、戦国時代。天下を統一した豊臣秀吉は、62歳で死去しました。「若いころの無理が命を縮めた」という見方が有力です。

織田信長の家臣として東奔西走させられ、主君の死後も戦に明け暮れました。体を酷使しすぎたのです。

加えてのストレス（当時の「鬱気《うつき》」）。嫡男の秀頼をかわいがり、自分の死後、秀頼と豊臣家をもり立てて

イラスト・加藤玲奈

くれるよう、徳川家康ほか重臣たちに懇請を続けました。豊臣家の未来を案じるあまり、ストレスが高じたものと考えられます。

この2人と正反対だったのが、家康でしょう。彼は鳥銃《ちょうじゅう》（射撃）を日に3発、弓も連日稽古し、それらを晩年まで続けました。ケチといわれるほどの倹約家なので、食事は粗食です。しかも医師が顔負けするほど、薬学に精通していました。

極めつきは、趣味の鷹狩りです。獲物を求めて山野を歩き回る鷹狩りは、現代人のゴルフと同じ。家康は獲物が捕獲できないときも、「もうやめた」とは言わず、決められた行程を歩き続けました。まだ「健康」という概念がない時代に、彼は命を長引かせるすべを心得ていたのです。その背景には秀吉よりも長生きし、豊臣家を崩壊させて、徳川の天下を実現させたい、という野望があったのかもしれません。

現代の医師は、長生きには「適度な運動」「バランスの取れた食事」「ストレス解消」の3項目が不可欠だと言いますが、家康は天下取りのために、死ぬまでこの3つを守り、75歳まで長生きしたのです。現代の経営者も、見習うべきではないでしょうか。

蛇足ながら、一言。健康のために無理をしてジョギングをする人を時おり見かけますが、現代の医学界にはジョギングは寿命を縮める、との意見もあります。早足で歩くほうが、健康には良い運動ではないか、と筆者は思っています。

前向きな姿勢が長寿に影響

天海、北斎に学ぶ長生き術

教訓

健康への工夫と生きる執念が長生きの秘訣

歴史上で、寿命と闘った２人の話。天海（１０８歳）はストレスをためず、体を温め、食事は粗食を心がけていた。一方、北斎（90歳）は芸術を探求するために、長生きを欲した。現代の日本男性の平均寿命は80歳。時代が進んでも、長寿への執念がなければ長生きはできない。

長生きするには工夫が必要

前項でもお話ししたように、人間は長生きするためには工夫が必要です。

徳川家康が75歳まで生きられたのは、鳥銃や鷹狩などによる日々の鍛錬あればこそでした。ちなみに、平成27（2015）年の日本人の平均寿命は、男性が80・5歳。女性が86・8歳でした。まさに、長寿大国です。

家康が存命だった戦国時代から江戸初期までの時期に、特筆すべき長寿の人がいました。名僧・南光坊天海僧正です。その出自には諸説ありますが、寛永20（1643）年で死去したとき、108歳だったとの説があります。現代でも、驚異の長生きです。

天海はなぜ、これほどの長生きができたのか。

残された資料を見てみますと、彼は枸杞飯《くこめし》を好んでよく食べたようです。枸杞はナス科の落葉小低木で、枸杞酒にすると強壮効果があり、乾燥させると解熱剤にもなりました。天海は会津の僧・残夢から枸杞飯を食べるよう勧められ、長らく実践していた、と伝えられています。

あるとき3代将軍・家光に長寿の秘訣を聞かれた天海は、次のように答えています。

「気持ちはゆったりとして仕事はきちんと。色気はほどほどにして食事の量は少なく、

イラスト・澤田有美子

心は広く持って小さなことにくよくよしないのがいい。食事は粗食を選び、毎日のように湯を浴びて体を清潔にし、かつ血行を良くすること。時折は、はばかることなくオナラをして、心身を緊張から解放することです」

　要するに、ストレスをためないのが一番。現代医学も体を温めよと教えていますが、天海はすでに湯あみが体に良いことを知っていたのですね。

寿命は本人の気力次第で決まる

『甲子夜話《かっしやわ》』には天海が柿を食べたあと、タネを持ち帰って植えようとした話が出てきます。「桃栗三年柿八年」

といって、柿は実がなるのに8年かかります。家光が「そのほうは高齢なので、いまさら無益だろう」と言うと、天海は「ほどなくこのタネも実となるでしょう」と答え、数年後、例のタネからできた柿です、と家光に献上して、この三代将軍をびっくりさせたといいます。天海は高齢ながら、生きることに前向きでした。

そういえば、浮世絵師の葛飾北斎は90歳まで生きました。彼は死ぬまで、「もう少し生きたい」「あと5年、天が我れを生かしてくれたなら、正真正銘の絵師になれるのだがなぁ」と語っていました。彼は『富嶽百景』の跋文《ばつぶん》（あとがき）で言っています。

「自分は73歳にしてようやく自然の神威を理解した。80歳になればますます進歩し、90歳になれば奥義を極め、100歳にして神妙となり、110歳なら一点一画を生きているように描いて見せる」

芸術を探求するため、北斎は貪欲なまでに長生きしようとしたのです。この意欲が、彼を90歳まで生かしたのだと考えていいでしょう。

このように見てきますと、人間の寿命を決めるのは本人の気力だ、とも言えるわけです。もちろん、病気にならないように、日ごろの食事や生活のリズムに気を付けることが、大切なのは言うまでもありません。ことに「糖尿病」「高血圧」「脂質異常症」の人は注意が必要です。いつまでも、健康でくらしたいものです。

建造から400年経ってもなお熊本のシンボル
いまも語り継がれる熊本城の知恵

教訓

威容は何度でも甦《よみがえ》る

黒を基調とした外観がファンを引きつける熊本城。地面から、なだらかにのぼって上にいくほど、傾斜が急になる石垣も見逃せない。優美なたたずまいが、「清正流」とも呼ばれるこの城は、徳川家康が大坂城を攻めたとき、豊臣秀頼を迎え入れ、徳川との一戦を覚悟していたという。

歴史ファンを魅了してやまない熊本城

平成28（2016）年4月14日、熊本地方を襲った大地震には、歴史ファンならずともビックリさせられたものです。

街のシンボルである熊本城の瓦と石垣が、無残に崩れ落ちたのですから。その痛ましい姿は、日本中にショックを与えました。その後の地震でさらに崩壊し、城全体の修復にかかる年月は20年、費用は600億円を超える、とみられています。

この熊本城を建造したのが、戦国武将・加藤清正であることは説明の必要もないでしょう。彼の前は、佐々成政《さっさなりまさ》が豊臣秀吉の命で肥後に入ったものの、領国経営に失敗して切腹。その後継として清正が入国、最初は肥後の北半分を任されました。

清正が熊本城建設に着手したのは、慶長6（1601）年で、完成までに6年の歳月がかかりました。このとき「隈本」だった地名を、現在の熊本に変更したと伝えられています。

外壁下部の板（下見板張《したみいたばり》）を柿渋で塗った黒い外観。この渋い威容が、熊本城ファンを引きつけているのですが、石垣も見逃せません。地面のほうからなだらかにのぼっていき、上に近づくにつれて傾斜が急になる。優美なたたずまいは「清正流」と呼ばれ、儒学者の荻生徂徠《おぎゅうそらい》は「石垣ハ加藤清正ノ一流アリ」と絶賛しています。人が容易に登れない形状のため、「武者返し」とも称されました。

修復に期待をこめて

本丸御殿は畳数1570畳、部屋数は53にものぼっています。たくさんの広間があり、なかでも格式が高いのが「昭君《しょうくん》の間」。〝将軍の間〟を意味するとの説があります。

清正は秀吉の子飼いの武将で、秀吉の遺児・秀頼の将来を案じていました。

秀頼が徳川家康と面会した際に、〝護衛役〟として同席したことは有名です。

清正は万一、家康が大坂城の秀頼を攻めた場合、秀頼を熊本に迎え、この地を本拠に徳川氏と戦おうと覚悟していたようです。

イラスト・小山田 楓

〝将軍の間〟には、そんな意味も込められていたのかもしれません。

清正は熊本城に、いくつもの工夫をこらしています。そのひとつが、城内に銀杏《いちょう》の木を植えたこと。実がなって一面が匂うようになると、落ちた銀杏《ぎんなん》の実を家臣に集めさせ、米の代用食として保存しました。城下の街路などに、杉と椎の木をたくさん植えたのは、領内に敵が侵入したとき、これらを切り倒して防衛にあて、同時に軍事物資の薪として使うためでした。熊本城は清正の、築城技術の粋をこらした名城でもあったのです。

ただ残念なことに、熊本城の主要部は明治10（1877）年に焼失しています。西南戦争の際、西郷隆盛率いる薩軍の攻撃を受けたおりのこと。このとき城は猛攻撃に耐え、その堅固さを天下に示しましたが、天守閣付近から出火し、大・小天守と本丸御殿一帯は焼け落ちてしまいました。火がついた原因には諸説あるものの、今もって判然としていません。

現在の天守閣は昭和35（1960）年に再建されたもので、予算は当時のお金で1億8000万円。このうち5000万円が市民の寄付、残りは熊本市が国からお金を借りて調達しました。この度の修復には、長い年月と多額のお金がかかるでしょうが、なんとしてもあの威容を甦らせてほしいものです。

現代の芥川賞作家も憂鬱だった

猫と小説で神経衰弱から快癒した夏目漱石

教訓

ささやかな出来事に気づけば人生は好転する

飼い猫の目を通して、夏目漱石夫妻の日常を描いた『吾輩は猫である』は、空前の大ヒットを記録。一匹の猫が漱石の病気を克服させ、飼い主を文豪の道に導いたのだ。人生を好転させるのはささやかな出来事であり、それを使って未来を切り開く人こそが、真の成功者ではあるまいか。

処女作が大ヒットした夏目漱石

お笑いタレントとしても一流、そのうえ芥川賞を受賞して、こちらも一流作家の仲間入り——ヒット小説『火花』を書いた、ピースの又吉直樹さんの快挙はすごいものでした。『火花』が、芥川賞を受賞した作品であるのは説明の必要もないでしょう。

ちなみに『日経トレンディ』(日経BP社)が選ぶ、「2015年ヒット商品ベスト30」では、第1位に北陸新幹線、2位に『火花』が選ばれていました。

同賞を受ける少し前、又吉さんはテレビの取材で「慢性的に憂鬱というか、ずっと憂鬱なんですよ」と語っていました。

処女作が大ヒットといえば、思い出すのが明治の文豪・夏目漱石です。漱石は神経衰弱を患い、小説を執筆することでこの病気を治したといわれています。

彼は東京帝国大学英文科を卒業し、愛媛の松山中学(現・松山東高校)や熊本の第五高校(熊本大学の前身)の教師をしたのち、33歳で英国留学を経験。ところがこの留学により、漱石は孤独と勉強の重圧から、精神的に追い詰められてしまいます。

1匹の猫が飼い主の病気を克服させ文豪に導いた

明治36（1903）年1月、漱石は帰国し、東京・千駄木で妻の鏡子《きょうこ》や子供たちと、家族水入らずの生活に入ります。しかし留学のストレスから立ち直れず、神経衰弱に。始終、イライラして家族を怒鳴りつけたり、夜中に雨戸を開けて庭に飛び出す、という奇行を繰り返すようになりました。

ランプを割り、火鉢をひっくり返し、鏡子に手を上げることもあったようです。日本人が敬愛する漱石の、陰の部分といえましょう。明治36年5月に、教え子の東大生・藤村操《みさお》が華厳の

イラスト・児玉 泉

滝で自殺したことも、影響していたのではないか、といわれています。

しかしまもなくして漱石は、神経衰弱から脱することができました。その道筋をつけたのが、家の庭に現れた一匹の黒猫でした。鏡子は猫嫌いでしたが、漱石に「飼ってやりなさい」と命じられて餌を与えることに。女性指圧師に「この猫は爪まで真っ黒だから福猫だ」と言われた鏡子は、懸命に猫をかわいがります。漱石は漱石で猫に癒され、精神的に安定してきました。この猫を主人公にして書いたのが、処女作『吾輩は猫である』だったのです。

飼い猫の目を通して、漱石夫妻の日常を描き、人間研究・批評を盛り込んだこの小説は、高浜虚子《たかはまきょし》に勧められて執筆。明治38年1月から俳句雑誌『ホトトギス』に掲載されて話題になり、単行本は空前の大ヒットを記録しました。

一匹の猫の出現が病気を克服させただけでなく、飼い主を文豪の道に導いたのです。人生を好転させるのは、常にささやかな出来事であり、そのきっかけをうまく使って、未来を切り開く人こそが真の成功者と言えましょう。

又吉さんは憂鬱の中で『火花』を書きあげ、作品は大ベストセラーとなりました。漱石のように、これからも名作を書き続けて欲しいものです。

手柄をたてるために無実の人を火あぶり

江戸時代とは違う現代警察に期待

教訓

権力の動向から目を離してはいけない

江戸時代、処刑された人の中には、無実の罪を着せられたケースが結構あったようだ。有罪になった人の、4割がぬれぎぬだったという説もある。現在の科学警察はそんな酷いことはないが、ときに誤認逮捕がなくもない。くれぐれ、冷静沈着に──。

権力に泣かされていた江戸の庶民

この10年ばかり、時代小説のブームが続いています。わざわざ、時代小説コーナーを設けている書店もあるほどです。これらの作品を読むと、歴史学を学んだ立場で「あれっ？」と思わされることが、しばしばあります。江戸の庶民の生活が、実に平和的に描かれているのです。理不尽な差別も役人の横暴もなく、庶民はみんな幸せに暮らしています。一種の、ユートピアといっていいでしょう。

しかし、それらは空想の江戸時代に過ぎません。昔の庶民は〝お上《かみ》〟の権力に泣かされていました。たとえば冤罪《えんざい》の問題です。江戸時代、殺人事件などが起きると、町奉行所の同心や配下の岡《おか》っ引《ぴ》きが捜査をおこないましたが、逮捕され処刑された人の中には、無実の罪を着せられたケースが結構あったようです。有罪になった人の、4割がぬれぎぬだった、という説もあります。

その背景には、他人を犠牲にしても手柄をたてたい、との捕り方の身勝手な傲慢《ごうまん》さがありました。放火事件が起きたが、犯人がわからない。そこで岡っ引きが、無宿人の着物の袖に、火打ち石をそっとしのばせて番屋に連行。身体検査で火打ち石が出てくれば拷問して、「私が放火しました」と自白させて、そのまま火あぶりの刑へ。こんなことが、なかば堂々とおこなわれていたのです。まさに、封建制の時代は暗黒時代でした。

罪のない人が弾圧を受けてはならない

江戸時代の容疑者は、常に厳しい拷問を受けたため、苦痛から逃れるために、やってもいない罪を認めることがあったのです。

当時は「人権」という概念がなく、権力者側はやりたい放題でした。

その後、明治維新を迎えましたが、権力の強引な取り調べはつづきました。

昭和8（1933）年2月に、東京・築地警察署で死亡した作家・小林多喜二《たきじ》は、ペンを握っていたとい

イラスト・綺月

う理由で、右手の人さし指を折られ、さらに睾丸を蹴りつぶされています。特高警察によって、なぶり殺しにされたのです。彼が殺されたのは、日本の中国侵略に反対し、プロレタリア文学を発表したからでした。現在の警察では考えられません。火責め水責めの拷問はありませんし、人権尊重は徹底されています。が、ときに「怪しい」と逮捕して、間違いだった、というケースがなきにしもあらずです。

その一例が、平成23(2011)年に起きた、遠隔操作ウイルス事件による誤認逮捕でした。殺人予告など不正な書き込みをしたとして、警察は全国で4人の容疑者を逮捕。19歳の大学生は強引な誘導尋問によって「自白」させられた、といわれています。のちに全員が無実とわかり、警察庁長官が謝罪したことは覚えている読者もいるでしょう。

さらに思い出せば、平成9年に起きた「東電OL殺人事件」です。この事件で逮捕されたネパール人の男性は有罪判決を受け、刑務所に収監されたのち、無罪を認められて釈放となりました。

この2つの事件のあと、日本では特定秘密保護法が成立しています。警察が治安維持に権限を持つのは意義のあることですが、現場に立つのはなまみの人間です。くれぐれも江戸の捕り方や戦前の特高警察のように、罪もない人が弾圧を受けることのないよう、第二の小林多喜二が生まれませんように、細心の注意を払ってもらいたいものです。

宝永４年、富士山噴火で日本はどうなったか

鞠の大きさの火山弾が飛び、江戸は昼でも暗かった

教訓

原発の再稼働は安全性を重視すべき

内閣府が発表したハザードマップは、富士山噴火が起きた場合、噴石などの直撃で最大１万３６００人が死傷すると予想している。火山大国の日本において、本当に原発の再稼働を進めてよいのだろうか、この面からも深く考えるべきではないだろうか。

噴火で奪われた尊い人命

平成26（2014）年の御嶽山《おんたけさん》の噴火は、多くの尊い人命が奪われた痛ましい災害でした。歴史上の噴火で思い出すのが、近世の浅間山です。天明3（1783）年5～7月に噴火が起き、太陽の光を遮りつづけたため、冷害に見舞われていた東北地方をさらに直撃。有名な「天明の大飢饉」が起き、全国でおよそ92万人以上が餓死した、と伝えられています。

その76年前の宝永4（1707）年11月23日に、大爆発したのが富士山でした（「宝永の大噴火」）。現在の午前10時ごろ、東南斜面の海抜2700メートルのところで、噴火が発生。火口の直径は、1000～1300メートルでした。

上昇したマグマは山肌を吹き飛ばし、甚大な被害を与えました。噴火口から12キロの須走村（現・静岡県駿東部小山町）には、真っ赤な火山弾が飛来して、総戸数の半分の37軒が焼失。残った39軒も、高さ3メートルに積もった岩と砂に押しつぶされて、全壊してしまいました。

古文書によれば、「夜に入り、右の煙は火煙となり、空に立ちのぼりそのうち鞠のごとき白きものと、火玉天を突くごとくにして、上がることおびただしくて昼のごとく輝

イラスト・安田彩夏

く」という惨状。鞠の大きさの火山弾が飛んできて、夜なのに昼間のように明るかったというのです。

富士山の噴火は江戸の町にも影響

富士山の周辺では、耕作地が灰に埋もれて壊滅状態となり、多くの人が餓死しました。灰が流れ込んだ河川は、川底が異常に上がってたびたび洪水を引き起こし、大勢が亡くなっています。

江戸も影響を受け、新井白石は「雪のふり下るごとくなるをよく見るに、白灰の下れる也」「白灰地を埋みて、草木もまた皆白くなりける」「天甚《はなは》だ暗かりければ、燭《しょく》を挙《あげ》て講（講義）に侍《はべ》る」と記しています。

白い灰が雪のように草木や地を覆い、昼なのに明かりをともすほど暗かったというのです。江戸では灰が、少なくとも2センチ積もったことが、分かっています。

こんな話があります。富士の東の裾野にある御厨《みくりや》地方——そこにあった「浄光寺」の住職の記録ですが、噴火前日の深夜、住職が大勢の人が戸外を歩くような足音を聞き、垣根の間から外をのぞいたところ、おびただしい数の獣《けもの》が、富士山のほうから甲斐国を目指して走っていくのが見えたそうです。獣の列は明け方までつづき、獣が少なくなったころへ噴火が起きたといいます。地震の専門家によりますと、噴火の直前に動物がそこから脱出した話はいくつも知られており、富士山の話も事実だろうということでした。

内閣府が発表したハザードマップでは、富士山噴火が起きた場合、噴石などの直撃で最大1万3600人が死傷すると予想しています。火山大国の日本には、鹿児島の桜島のような活火山がたくさんあります。

大噴火が起き、噴石などが原子力発電所へ落下したり、地割れで建物が破壊された時、福島第一原発よりも深刻な被害が出るかもしれません。本当に原発の再稼働を進めていいのか、われわれ日本人は深く考えるべきではないでしょうか。

真実は小説より奇なり

お伝、お梅、カウ……男を殺した毒婦たち

教訓

美しいバラの花には棘《とげ》がある

今も昔も、何食わぬ顔で男を取り殺す毒婦は、世間の注目を集めるもの。日本の歴史で毒婦といえば、「高橋お伝」が有名。死体のある隣の部屋で食事を済ませ、旅館の仲居に「あのまま寝かせておいて」と言い残し、堂々と立ち去った。何にせよ、金と恋路には気を付けたいものだ。

殺害現場から堂々と立ち去ったお伝

平成26（2014）年、夫を毒殺した疑いで、当時68歳の女性が京都府警に逮捕されました。彼女の周囲では、少なくとも6人の男性が死亡していたとか。事実なら、「現代の毒婦」といえますね。

日本の歴史で毒婦といえば、まず指を折るのは「高橋お伝」でしょう。彼女は嘉永3（1850）年生まれ。23歳だった明治5（1872）年、夫と死別し、小川市太郎という男と恋仲に。ところがこの男は、ろくに働きません。お伝は金に困り、古物商の後藤吉蔵に借金を申し込みます。後藤は金を貸す見返りとして、男女の関係を強要。2人は東京・浅草蔵前の旅籠屋に投宿しましたが、結局、吉蔵が借金を承知しなかったため、お伝は剃刀で彼の喉を切り、殺害してしまいました。

そのときの、お伝の態度が有名です。死体のある隣の部屋で食事を済ませ、旅館の仲居に、「私の亭主は短気者で、今日はことに不快の様子。だから決してかまわず、あのまま寝かしておいてくださいな。私の帰りが遅いときは、蚊帳だけは吊っておいて」と言い残して、堂々と立ち去ったのでした。

その13日後、強盗殺人容疑で逮捕されています。明治12年、死刑を執行されました。

処刑方法は斬首で、首を刎ねたのは「首切り浅《あさ》右衛《え》門《もん》」こと、山田浅右衛門でした。

何食わぬ顔で男を取り殺す毒婦たち

大正時代まで生きた毒婦として知られるのが、「花井お梅」です。

元治元（1863）年生まれ。9歳で東京・日本橋に売られ、15歳で芸妓になりました。その後、銀行の頭取の愛人になりながら、歌舞伎役者の四代目・沢村源之助に入れ込みましたが、源之助と問題を起こしたため、彼の付き人だった八杉峯吉を雇うことに。

明治20（1887）年、お梅はその峯吉を刺殺し、警察に自首しました。彼女が峯吉を殺した理由には諸説あり

イラスト・大内 結

ますが、当時の裁判言渡書《いいわたししょ》によれば、峯吉が自分を疎んじるようになったので、そのことに腹を立てて出刃包丁を購入。彼を呼び出し、背後から肋骨《ろっこつ》を刺して殺した、となっています。判決は無期の徒刑《とけい》（労役に服させる処罰）でしたが、明治30年に恩赦で釈放され、彼女は大正5（1916）年まで生きました。

昭和の毒婦では、ホテル日本閣事件の「小林カウ」があげられます。「カウ」は「こう」と発音しました。

彼女は明治41年、埼玉県の生まれ。最初の結婚相手である林秀之助を、愛人の警察官・中村又一郎と共謀して毒殺。その後、那須塩原に現れ、「日本閣」という旅館の経営者・生方鎌助《うぶかたかますけ》といい仲になり、雑用係の大貫光吉《おおぬきこうきち》を使って、生方の妻・ウメを絞殺します。ところが日本閣が借金まみれであることを知ったカウは、今度は大貫をそそのかして、生方までも殺害してしまいました。

一連の悪事が発覚して、カウは殺人容疑で逮捕されます。昭和45（1970）年に、絞首刑に処せられました。戦後の女性初の死刑執行でした。この小林カウの事件は、昭和59年に映画化されています。吉永小百合さん主演の、「天国の駅」（出目昌伸監督）です。今も昔も、何食わぬ顔で男どもを取り殺す毒婦は、世間の注目を集めるもののようです。京都府警に捕まった女性は、この先、どのような判決を受けるのでしょうか。

各地を転々とする義経、長英、晋作、つまようじ少年

現代に伝わる男たちの逃避行

教訓

逃亡者は後世に名を知らしめる

歴史上、逃避行した人物は少なくない。平家を滅ぼしながら、源義経は猜疑心《さいぎしん》の強い兄・頼朝に命を狙われた。牢屋敷から脱走したのは、蘭学者の高野長英。高杉晋作も愛人を連れて、逃亡。彼らはその行為で後世に名を残したが、現代の菓子につまようじを混入させた少年は……。

弁慶らに守られながら逃避行した義経

平成27（2015）年1月、スーパーの菓子につまようじを混入させた、19歳の少年が逮捕されました。彼は東京や成田、浜松、名古屋を移動した末に、滋賀県の米原駅で身柄を拘束されたようです。世間の耳目を集めた、一種の逃走劇でした。

歴史上、命を狙われてやむにやまれず逃避行をした人物は、少なくありません。有名なところでは、源義経。彼は平家を滅ぼす大手柄をあげながら、後白河法皇から官位を受けたため、猜疑心の強い異母兄の頼朝に命を狙われてしまいました。

義経は奈良・吉野山で愛妾の静御前《しずかごぜん》と別れ、弁慶らに守られながら伊勢、美濃などを転々とします。能の「安宅」、歌舞伎の「勧進帳」などで語られる逃避行です。

文治3（1187）年、義経主従は奥州に至り、藤原秀衡《ひでひら》の庇護を受けましたが、執念深い頼朝はその藤原氏に圧力をかけます。当主の秀衡が死去すると、嫡男の泰衡《やすひら》に対して義経の捕縛を要求しました。義経は泰衡の裏切りにあい、文治5年、あえなく31年の生涯を閉じました。

江戸時代では、医師で蘭学者の高野長英でしょう。天保8（1837）年、長英は幕府の米国船打ち払いを批判。これが原因で、2年後に逮捕されました（蛮社の獄）。

イラスト・鈴木志歩

江戸伝馬町（現・日本橋小伝馬町）の牢屋敷に収監された長英は、天保15年6月、獄獄を抱き込み、牢屋敷に放火して脱走します。蘭医・大槻俊斎、門人・加藤宗俊らを訪ねたのち、武州大間木《おおまぎ》（現・埼玉県さいたま市緑区）の高野《たかの》隆仙《りゅうせん》宅に身を寄せました。

一千両を持ち逃げした高杉晋作

その後、故郷水沢（現・岩手県奥州市）で母と再会し、紆余曲折を経て、江戸に帰還。町医者を開業し、顔を硝酸で焼いて人相を変えました。

しかし嘉永3（1850）年、青山百人町で町奉行所に踏み込まれ、ついに死亡（自害説も）。享年は47でした。

長英の不運は、蘭学者を弾圧した〝蛮社の獄〟を指揮した、鳥居耀蔵《ようぞう》が脱走の3カ月後に失脚したことでした。あと3カ月、長英は獄中で頑張っていれば、放免されたかもしれません。

幕末の長州藩で奇兵隊を組織した高杉晋作も、逃亡者でした。

彼は攘夷論者であったにもかかわらず、馬関《ばかん》（現・山口県下関市）の開港に取り掛かったため、藩内の攘夷派に変節漢とみなされてしまいます。暗殺の危険を感じた晋作は、藩を脱出。彼のすごいところは、藩から預かっていた洋行費用の1千両を持ち逃げしたところでした。しかも、芸妓で愛人のおうのという女性を同行させています。

晋作は「備後屋助一郎」と偽名を名乗って四国に逃れ、道後温泉、讃岐琴平《ことひら》（現・香川県仲多度郡琴平町）に潜伏。長州藩の捕吏の手が伸びると、おうのとともに難を逃れました。その後、幕府の第2次長州征伐が始まると、堂々と帰藩して海軍総督に復帰。幕府艦隊を敗走させています。慶応3（1867）年、肺結核で死去。享年は29でした。

長英と晋作。いずれも逃亡者はその行為で後世に名を残しました。が、一方の、現代のつまようじの少年は、時代の流れの中ですっかり忘れられてしまうことでしょう。

墜落したドイツ機の副操縦士は精神疾患

乱心で世の中を震撼させた人たち

教訓

一個人の暴走が国家の運命をも左右する

副操縦士の、精神疾患が原因で起きたアルプス墜落事故は、痛ましい出来事だった。江戸時代、"忠臣蔵"の発端をつくった浅野内匠頭は、江戸城松の廊下で吉良上野介に斬りつけたとき、神経症にかかっていたともいわれている。乱心ひとつで、多くの人々を巻き込む事件に発展するケースが、歴史の世界には少なくない。

世の中を騒がせた歴史上の乱心

平成27（2015）年3月に起きた、ジャーマンウィングスのアルプス墜落事故では、150人もの犠牲者が出ました。この一件で世界中をびっくりさせたのが、副操縦士の精神疾患。歴史学的にいえば、彼は空の上で「乱心」を起こしたことになります。

歴史上の乱心でまず思いつくのが、〝忠臣蔵〟の発端をつくった浅野内匠頭長矩。元禄14（1701）年3月、江戸城松の廊下で吉良上野介義央《よしなか》に斬りつけた話は、別項でもふれています。説明の必要もないでしょうが、この時、内匠頭は神経症にかかっていたともいわれています。

ほかに江戸時代の「乱心」では、賄賂政治家として悪名高い老中・田沼意次《おきつぐ》にまつわる実話があります。意次の息子・意知《おきとも》が殺害されたのです。

事件は天明4（1784）年3月24日に起きました。江戸城内で佐野善左衛門という武士が意知に斬りつけ、意知は4月2日に死亡。佐野が田沼親子にだまされた、と思い込んだための「乱心」でした。意次―意知父子に取り入り、出世のために賄賂を贈ったものの、何もしてくれない、と怒り心頭に発して、刃傷に及んだといわれています。4月3日、幕府は佐野を切腹させ、「乱心」として処理しました。

イラスト・大内 結

　ところが佐野は死後、「世直し大明神」として庶民の人気を集めることになります。世の人々が、意次の賄賂政治に不満を募らせていたからでした。

「西郷隆盛生存説」が生んだ国家の危機

　明治時代にも、重大な「乱心」の事件が起きています。世にいう、「大津事件」です。明治24（1891）年5月、ロシア皇太子ニコライ・アレクサンドロビッチ（のちの皇帝ニコライ2世）が来日し、日本政府の歓待を受けました。

　皇太子が琵琶湖を見物し、大津を通過しようとしたとき、現地を警戒中の巡査・津田三蔵《さんぞう》が突然、皇太子の乗る人力車に駆け寄るなり抜刀、2度にわたり斬りつけたのです。皇太子はケガを負ったものの、命に別条はありませんでした。

津田はなぜ、このような凶行に及んだのでしょうか。原因は西郷隆盛の生存説でした。西郷は西南戦争（1877年）で死んだのに、「実はロシアに亡命し、今も生きている」との噂が全国に広まっていたのです。

このデマに津田は焦ります。なぜならば、彼は西南戦争に官軍の一員として参加し、勲章を授与されていました。しかし西郷が戻ってくると、自分の勲章は剥奪されてしまうに違いない。その強迫観念がエスカレートし、「ロシア皇太子を斬って、西郷が帰国できないようにしよう」との、突飛な発想に思い至ったのでした。

事件は、日本中を震撼させました。26歳の女性が事件を日本の恥として、京都府庁の前で喉を突いて自害したほどです。国民はロシアがきっと、報復の戦争を仕掛けてくるだろう、と信じて疑いませんでした。

明治天皇はロシア皇太子を見舞って、陳謝の意を表し、全国からは1万通に及ぶ見舞いの電報がロシア公使館に寄せられ、この一件は大事には至りませんでした。

しかし、一個人の「乱心」が、国の運命を左右しかねない事件であったことは間違いありません。くわばら、くわばら。

ギリシャが破綻寸前に

松代藩も同じ、恩田木工、財政再建の虚と実

教訓

虚構をいくら積み重ねても成功は見えない

日本の平成27年の夏、ギリシャの財政危機は深刻化し、２２００億円の債務は返せないほど逼迫した。ギリシャ問題から思い浮かぶのが、松代藩10万石の財政改革。なぜなら、この改革には〝虚実〟が入り乱れているからだ。松代藩とギリシャの〝失政〟に、財政改革の難しさを学ぶ。

虚実が入り乱れた改革話

平成27（2015）年夏、ギリシャの財政危機が深刻化しました。2200億円の債務が返せない、というのに、ギリシャの国民は緊縮策に「ノー」を突きつけたです。ギリシャのピンチは、その後も世界中を不安に陥れました。

ギリシャ問題から思い浮かべるのが、松代藩（現・長野県長野市）10万石の財政改革です。なぜなら、この改革には〃虚実〃が入り乱れていたからです。

松代藩は江戸時代中期に財政が悪化し、御用商人からの借入金だけでも21万両に及びました。当時の御勝手方家老・田村半右衛門は過酷な税の取り立てをおこなったため、農民が決起する騒ぎに発展。田村は失脚し、獄中死してしまいます。

そこに登場したのが、恩田木工《もく》です。

彼の業績をつづった『日暮硯《ひぐらしすずり》』によると、木工は宝暦7（1757）年、家老に就任しました。老職をはじめ重臣たちに、自分がやることに一切反対しない、との一札を提出させたそうです。藩士に対しては、俸禄を半分に減じる「半知」をやめると宣言。農民には、今後は政治上でのウソはつかない、賄賂は厳禁と公約します。年貢の厳しい督促と翌年分の年貢を取り立てる「先納」、御用金の徴収もしない、と宣言しました。

そのうえで木工は、「過去の年貢未納分は免除するから、先納分は帳消しにし、納めた御用金の返済は凍結してほしい」と丁重に頼みました。

松代藩、ギリシャの失政と財政改革の難問

まさに、至れり尽くせりです。

彼の誠実な態度に農民は感激し、協力を約束。民衆の心をつかんだ木工は、悪事を働いてきた役人の名をあげ、藩主に報告します。そのうえで、旧悪の露見を恐れる役人たちには、その悪事を追及せず、改心して改革に協力するよう諭しました。その結果、『日暮硯』では、「役人たちの汚職は影を潜めた」

イラスト・小林陽野

と記されています。

こうして木工の家老就任から5年で、藩の借財はゼロになり、領内は豊かになって、財政再建が成功した——。

講談や小説などで語られる、木工の偉大な業績ですが、実はこれらはすべてウソでした。なるほど恩田木工という人物は実在し、宝暦12（1762）年に46歳で死ぬまで、必死に藩政改革にあたりました。しかし残念ながら、藩の借金は減らないままでした。年貢の先納や御用金の廃止も、藩の記録にはないのです。それどころか年貢徴収も、月割り納入という法が導入され、農民への圧政は強化されています。木工は倹約一点張りの、消極策に終始する旧態依然の方策から、脱することができませんでした。また、新しい財源を見つけること自体もできていません。

現代ギリシャはどうでしょう。財政危機だというのに、チプラス首相は国民投票の結果を「民主主義の勝利」と宣言し、ロシアのプーチン大統領にすり寄るなどして、EU（欧州連合）を牽制しました。そのEUも平成28（2016）年には、英国に出ていかれるなど、存在意義に陰が差しています。

松代藩とギリシャ——この両者の〝失政〟から学ぶべきは、財政改革がいかに難しいものか、という真実です。われわれは、この厳しい現実から目を背けてはなりません。

清純派タレントも不倫騒動

額田王の和歌に見る古人の道ならぬ恋

教訓

恋愛に溺れすぎると危険がつきまとう

最近、マスコミを騒がせている芸能人の不倫話。日本史上にも、男女の不可思議な愛情問題が度々起きている。そのひとつが飛鳥時代の、額田王の三角関係。その後、世にいう「壬申の乱」が起きるのだが、妻を奪われた弟が、兄の息子を滅ぼす——何やら復讐めいた話ではあるが。

人は道ならぬ恋にも落ちる

相もかわらず、マスコミを騒がせているのが芸能人の不倫話。既婚者であるミュージシャンの男性が、人気女性タレントを実家に連れていったとか、ある若手代議士は妻の妊娠中に自宅マンションに愛人を連れ込んだ、とか。後者はそのことがバレて、議員辞職に追い込まれてしまいました。まさに、〝道ならぬ恋〟は厳しいですね。

歴史の中にも、こうした男女の不可思議な愛情問題が度々起きています。そのひとつとされているのが、飛鳥時代の額田王《ぬかたのおおきみ》を巡る三角関係。彼女は『万葉集』の宮廷歌人としても有名な存在。大海人皇子《おおあまのおうじ》（のち天武天皇）と結ばれ、16歳のときに十市皇女《とおちのひめみこ》を産みました。

その額田王を、ある人物が見初めます。誰あろう、大海人皇子の実兄・天智天皇です。大化改新《たいかのかいしん》（645年）で、蘇我入鹿を討ち果たした中大兄皇子《なかのおおえのおうじ》と言ったほうが、分かりやすいでしょうか。彼は美人で聡明な額田王に、せっせと恋の歌を送りました。弟の妻に、ラブコールしたわけです。

額田王は当初は、「お断りします」の返歌を送っていましたが、運命は残酷です。彼女はいつしか気持ちが揺らぎ、天智天皇の妻に直ってしまいました。

イラスト・赤石 澤

万葉集に歌われた恋心

数年後の、天智7（668）年に催された鹿狩りで、額田王は前夫の大海人皇子と再会します。

その際の歌が、「あかねさす　紫野行き　標野行き　野守は見ずや　君が袖振る」。

5月の陽光の中に、紫草が一面に生えている。こんなところでそんなふうに手を振ったら、誰かに見られてしまいますよ、という意味です。大海人皇子が手を振ったのでしょう。

大海人皇子も、歌で応えます。

「紫草の　にほへる妹を　憎くあらば　人妻ゆゑに　われ恋めやも」（いずれ

も『万葉集』）

久しぶりに会ったあなたは、一段と美しくなっているので、人の妻になっていることを忘れて恋をしてしまいそうだ、というのです。こうして見ると、まるで天智天皇が横恋慕で額田王を奪い、彼女はまだ大海人皇子を愛しているように思いますが、当時の上流階級の婚姻のほとんどが、政略結婚だったことを考えれば、大海人皇子が何らかの理由で額田王を差し出した可能性もあり得ます。

その一方で額田王は当初、天皇の誘いを断っていたほどしっかりした女性でしたから、実は真剣に天智天皇を愛してしまったとも考えられるのです。

また、額田王はそもそも宮中の宴《うたげ》を司る、後世の遊女《あそびめ》の系譜に属する女性で、三角関係そのものがなかった、との説もあります。

蛇足ながら、天智帝は大海人皇子に「後事を託したい」と言いますが、大海人皇子は皇位継承を固辞して出家し、吉野に移ります。

ここで動いたのが、天智天皇の子・大友皇子（弘文天皇〈第39代〉とも）でした。彼は叔父・大海人皇子を警戒して戦の準備を進め、その結果、両者は天智11年に対決。大海人皇子が勝利して、天武天皇となりました。世にいう「壬申の乱」です。妻を奪われた弟が奪った兄の息子を滅ぼす――史実なら、何やら復讐めいた話になりますね。

本書は、初出『日刊ゲンダイ』2013年8月28日〜2016年3月23日までの連載「失敗の日本史」「失敗と成功の日本史」を書籍化にあたり、加筆・修正したものです。

加来耕三
（かく・こうぞう）

歴史家・作家。1958年大阪市生まれ。奈良大学文学部卒業。同大学文学部研究員を経て、著述活動に入る。「歴史研究」編集委員。現在は大学・企業の講師を務めながら、テレビ・ラジオ番組の監修、出演など多方面で活躍している。近著に『真田と「忍者」』『刀の日本史』（いずれも講談社）、『歴史に学ぶ自己再生の理論』（論創社）、『卑弥呼のサラダ 水戸黄門のラーメン「食」から読みとく日本史』（ポプラ社）、『家康はなぜ、秀忠を後継者のしたのか 一族を繁栄に導く事業承継の叡智』（ぎょうせい）ほか多数。監修に『日本武術・武道大辞典』（勉誠出版）などがある。

月川明大（つきかわ・あきひろ）

歴史作家。1958年9月生まれ。大学卒業後、編集プロダクション勤務を経てフリーライターに。その後、同学の加来耕三氏と酒を酌み交わしながら、歴史談義に花を咲かせている。著書に『えっ!! そうだったのか！ 知らなかった、ホントの日本史』（コスミック出版・COSMIC MOOK）など。

企画・構成…………月川明大
イラスト協力…………大阪コミュニケーションアート専門学校
東京コミュニケーションアート専門学校
福岡デザインコミュニケーション専門学校
名古屋コミュニケーションアート専門学校
仙台コミュニケーションアート専門学校
デザイン……………next door design
DTP………………明昌堂

失敗《しっぱい》と成功《せいこう》の日本史《にほんし》
人生《じんせい》の成功《せいこう》に必要《ひつよう》な60の史実《しじつ》

2017年2月25日　初版第1刷発行

著者…………………加来耕三《かくこうぞう》
発行人………………志賀　朗
発行所………………株式会社 滋慶出版／つちや書店
〒100-0014　東京都千代田区永田町2-4-11
TEL 03-6205-7865　FAX 03-3593-2088
http://tuchiyago.co.jp　E-mail shop@tuchiyago.co.jp
印刷・製本…………日経印刷株式会社